Fulbert Steffensky

Der alltägliche Charme des Glaubens

W0095300

Fulbert Steffensky

Der alltägliche Charme des Glaubens

echter

Die Deutsche Bibliothek – CIP-Einheitsaufnahme

Steffensky, Fulbert:
Der alltägliche Charme des Glaubens / Fulbert Steffensky. – Würzburg :
Echter, 2002
ISBN 3-429-02435-8

2. Auflage 2002
© 2002 Echter Verlag GmbH
Umschlag: Peter Hellmund (Foto: Oscar Poss)
Druck und Bindung: Friedrich Pustet GmbH & Co KG, Regensburg
ISBN 3-429-02435-8

Inhalt

Vorwort

Vor einiger Zeit habe ich in einer deutschen Großstadt einen Vortrag vor Lehrern und Lehrerinnen gehalten mit dem Titel »Lehrer sein in Zeiten ohne Lehre«. Es ging um die Schwierigkeiten der Lehrer und Pfarrerinnen, der Väter und Mütter in Zeiten, in denen nicht mehr ersichtlich ist, was der Konsens einer Gesellschaft ist; was ihre Normen und ihre Haupttexte sind und wozu sie ihre Kinder erziehen soll. Eine junge Religionslehrerin stand auf und hielt eine flammende Anklagerede gegen die Generation meines Alters. Sie sagte: Ihr habt uns zu wenig überliefert. Ihr selber habt euch der Aufgabe entzogen, Lehrer zu sein. Ihr habt uns zu brechen, zu hinterfragen, zu kritisieren gelehrt. Sonst hattet ihr keine Lehre und habt uns nichts hinterlassen. Ihr habt uns die Dinge analysieren gelehrt, ihr habt uns nicht gelehrt, etwas zu lieben. Jetzt aber verlangt ihr von uns, Lehrer zu sein und eine Lehre zu haben.

Diese Anklage war richtig und ungerecht. Ungerecht war sie, weil die junge Frau nicht schätzen konnte, in welchem Erbe die Generation der jetzt Alten noch verfangen war. Sie hat sich nicht vorstellen können, was es heißt, daß dieser Generation die Nazi-Zeit und ihre Verbrechen so lange verschwiegen wurden. Unsere Skepsis gegen Traditionen, Rituale, Formen, Autoritäten, Institutionen; gegen die Gedichte und gegen die Religion, die uns überliefert wurde, ist ja nicht vom Himmel gefallen. Wir haben uns wehren müssen gegen die überlieferten Welten, und wir haben unterscheiden lernen müssen, was der Geist und was der Ungeist dieser Traditionen war. Es mag sein, daß viele von uns in der Haltung der Skepsis und Distanz erstarrt sind. Vielleicht aber hat jede Generation nur die Kraft zu einer Aufgabe. »Alles hat seine Zeit«, sagt der Prediger des Alten Testaments. »Pflanzen hat seine Zeit; ausreißen, was gepflanzt ist, hat seine Zeit. Abbrechen hat seine Zeit, bauen hat seine Zeit.« Die Zeit meiner Jugend war eher die des Bruchs. Wenn ich mit Menschen meines Alters spreche, ist deutlich, daß keiner ohne Brüche davongekommen ist. Alle haben schon einmal mehr gewußt, als sie heute wissen. Sie haben anderes gewußt und an anderes geglaubt. Es gibt keinen bruchlosen Fortschritt in der Erkenntnis der Wahrheit. Die Wahrheit wächst im schmerzhaften Zusammenbruch alter Welten. Weltuntergänge der verschiedenen Art haben wir erlebt. Und wir selber mußten viel verwerfen.

Aber die junge Lehrerin hat auch recht mit ihrer Anklage. Abbrechen hatte seine Zeit, aber woran haben wir gebaut? Ja, wir haben gebaut. Die Schulen sind besser geworden, die Kirchen sind anders geworden. Es ist nicht mehr selbstverständlich, daß Kinder dressiert werden und daß die Frauen Beute der Männer sind. Ich jedenfalls kann die Vorwürfe gegen die Achtundsechziger nicht teilen. Wir haben Aufstand und Empörung gelernt, und hoffentlich vergessen wir diese Tugenden nicht mehr! Wir brauchen sie gegen die neuen ökonomischen Verhängnisse und gegen die neue Selbstverständlichkeit des Krieges, gegen die wir gearbeitet haben.

Und trotzdem haben vielleicht viele meiner Generation über dem »Einreißen« vergessen, wie man seine Träume und Hoffnungen langfristig macht. Sie haben vergessen, daß man nicht aus dem Stand heraus die richtigen Lebensoptionen und das richtige Gewissen haben kann. So klagt die Lehrerin zu Recht die verweigerte Lehre ein, die verweigerten Geschichten und Lieder; die verweigerten Traditionen, die Stimmen der Toten, die uns zu unseren eigenen Stimmen und Liedern verhelfen. Und so wächst eine andere Aufgabe, die große Aufgabe der Revision all dessen, was einmal unter Verdacht stand und was einmal abgetan wurde. Es ist neu zu überlegen, was es heißt, in einer Tradition zu stehen; was es heißt, Formen zu haben, die uns erbauen; was es heißt zu beten und unsere Kinder diese Sprache der Wünsche zu lehren. Und schließlich überlegen wir neu, was es heißt, an Gott zu glauben. Die Zeiten sind karg, wir können uns nicht damit begnügen, nur uns selbst zu kennen. Nachdem uns unsere eigene Sprache, unser eigenes Gewissen und unsere eigenen Träume erlaubt sind und wir sie gerettet haben aus dem Gefängnis der Toten – auch dazu kann ja eine Tradition erstarren, rettet uns vielleicht die große Flucht in die Fremde: in die Sprache und in die Ideen unserer lebenden und toten Geschwister; in andere Formen, die uns aus der Beliebigkeit des Augenblicks reißen. Man muß viel wissen, um der Hoffnungslosigkeit zu entkommen. Wir haben gelernt, zu uns selber zu finden. Nun erhebt sich die große Frage: wie werden wir mehr als wir selber? Was behütet uns davor, an der eigenen Kärglichkeit zu verhungern? Und so mustern wir noch einmal durch, was unsere Tradition schon einmal hatte; was ihr schon einmal gelungen ist und worin sich der Geist schon einmal geäußert hat. Nicht alles ist brauchbar. Einiges ist zerschlissen, und einiges hat zu lange dem Ungeist gedient. Wir sind freie Geister gegenüber unseren Überlieferungen. Niemand zwingt uns mehr, sie unbesehen zu übernehmen. Und so können wir unterscheiden, was Brot ist und was Steine sind.

Der Revision der alten Fragen will dieses Buch dienen. (»Nötige Revisionen« sollte ursprünglich sein Titel sein. Aber Lektoren sind uneinsichtig!) Aber es will mehr als an die alten Nahrungsmittel des Geistes erinnern. Ein Brot ist nicht nur ein Lebensmittel, es ist auch gebackene Schönheit. Je älter ich werde, um so mehr leuchtet mir die Schönheit dieser Tradition ein. Es leuchtet mir der Charme der jesuanischen Geschichten ein; der Charme dessen, was wir Gnade nennen; die Schönheit der Liebe zum Recht in dieser Tradition und der Empörung gegen Gewalt und Unrecht. Ich lerne die Schönheit eines Gottes zu schätzen, der die Armen liebt und der selber unter die Räuber gefallen ist; die Schönheit, daß ich zu ihm beten und mich mit ihm verbünden kann. Endlich ein Gott, dessen man sich nicht zu schämen braucht! Der Glanz unserer Schätze ist vom vielen Gebrauch manchmal matt geworden. Wir fühlen noch ihr Gewicht, aber wir sehen diesen Glanz nicht mehr. Die Schönheit aber ist die innigste Schwester der Wahrheit und des Rechts. Wir haben oft die Last, die Verpflichtung, die Moral betont, die der Glaube von uns verlangt. Wir haben vergessen, daß er Brot und Wein und Feuer ist.

Ich widme dieses Buch meiner Schwester Magda Magar. Sie kennt den Zwang der verhängten Welten. Sie kennt den Schmerz des Aufbruchs in eine andere Freiheit. Sie ist vertraut mit der alten Sprache und nicht ganz fremd und nicht ganz heimisch im Lebenshaus.

Gebet: die Flucht in den Blick der Güte

Unsere religiösen Versuche sind nicht unabhängig von der Zeit, in der wir leben, von der Art, wie wir leben, und von den Menschen, mit denen wir zusammenleben. Wir sind Kinder dieser Zeit, ob wir es wollen oder nicht. Wir sind in sie hineingeboren, und sie prägt unseren Glauben, unsere Sprache und unsere Gesten. Wir leben nicht mehr in der Geborgenheit einer alten Welt, wir leben in säkularen Zeiten. Was sind die Merkmale einer säkularen Zeit, und was macht diese Zeit mit unserem Glauben? Ich möchte zunächst ihr Gegenteil beschreiben, nämlich die katholisch-dörfliche Welt, in der ich selber erzogen worden bin. Es war eine alternativlose Welt. Ihre Institutionen, die Weisheiten, die Lebensdeutungen, die Moral waren uns zur Natur geworden, denn wir hatten keine Vergleiche. Es war eine geschlossene Welt, in der es keine anderen Lebensentwürfe gab. Das Dorf war immobil, und fremde Welten konnten kaum in es eindringen. Es gab noch kein Fernsehen und selten Radio. Es gab so gut wie keine Bücher, aus denen man andere Welten hätte kennenlernen können. Wenn es Bücher gab, kamen sie aus der katholischen Borromäusbibliothek, aus einer Institution also, die das Dorf noch einmal literarisch bestätigte. Wir litten mäßig in der Gefangenschaft dieser Traditionen, weil wir uns Alternativen noch nicht vorstellen konnten. Wir hatten kaum ein Verhältnis zu diesen Traditionen, weil ein Verhältnis Distanz und Reflexivität voraussetzt, die wir nicht hatten. Man ging aus von der selbstverständlichen Fortsetzung dieser Lebenswelten; das Heute und das Morgen konnten nur gedacht werden als die Wiederholung des Gestern. Wir waren Beute der Toten, und sie saßen uns auf der Brust mit ihren Lebensvorstellungen. Sie waren die Zeremoniare unseres Denkens und Verhaltens. Es waren Zeiten der Gewißheit, der formalen Verläßlichkeit und der Unwandelbarkeit. Es waren zweifelsfreie und bedenkenlose Zeiten. Die allgemeinen Lebensüberzeugungen wurden nicht nur von einzelnen getragen. Das ganze Dorf wußte, was richtig war, und das Dorf stützte die Überzeugung der Einzelnen. Die Grundüberzeugungen jenes Kollektivs waren nicht nur gewußt, sie waren auch aufgeführt in Bräuchen, Ritualen und Festen. Man konnte in jener Zeit gut Vater oder Mutter, Pfarrer oder Lehrerin sein, weil man wußte, wozu zu erziehen war und welche Traditionen einzuüben waren. Es gab kaum Ambivalenzen, und der Zweifel lähmte die Sicherheit der Menschen noch nicht. Ob man auch gut Kind sein konnte unter dem Druck des Ganzen, ob man auch gut sexueller Abweichler sein konnte; ob man auch gut Protestant sein konnte unter dieser katholischen Sicherheitsglocke oder Katholik unter einer ähnlichen protestantischen Glocke, das ist eine andere Frage. Die Wucht der Geschlossenheit, der Zweifelsfreiheit und Bedenkenlosigkeit hat jede Andersheit ausgeschlossen oder sogar vernichtet. Es war eine geschlossene Gesellschaft, die keinen herausgelassen hat und keinen hinein.

Diese kulturelle Welt hat ihre Selbstverständlichkeit verloren und ist weithin untergegangen. Aber mit diesem alten Lebensmodell habe ich schon fast das neue säkulare beschrieben. Denn es ist die Umkehrung jenes alten. Unter vier Stichwörtern möchte ich diese neue säkulare Zeit beschreiben.

Mein erstes Stichwort heißt: Pluralität. Wir sind nicht mehr einzigartig. Das ist eine schwere Erfahrung, die unseren Narzißmus kränkt. In der alten Zeit kannte man nur sich selbst, die eigenen Traditionen, Lieder, Bräuche, Geschichten und die eigene Religion. Jetzt erkennen wir, daß wir eine Gruppe unter vielen, eine Lebensauffassung unter vielen, eine Religion unter vielen möglichen sind.

Mein zweites Stichwort lautet: das Schwinden der Tradition. Ich nenne einmal den Verlust des traditionalen Wissens. Religiöses Wissen ist in einem enormen Maß zurückgegangen. Bibelwissen, Gesangbuchwissen, Brauchtumswissen ist zurückgegangen. Sprichwörter sind weithin verschwunden, die den in Formeln geronnenen Konsens einer Gesellschaft ausmachten. Nicht nur der Einzelne weiß weniger, als die Menschen früher gewußt haben. Auch die allgemeine Sprache verliert ihre religiösen Muster, von denen sie früher voll war.

Nicht nur die Menge des religiösen Wissens ist geschwunden. Wir wissen religiös weniger, und wir wissen mehr. Wir kennen nicht nur die eigenen liturgischen Gebräuche, im Zusammenleben mit anderen Gruppen lernen wir einen Teil ihres Wissens und ihrer Bräuche kennen. Im Religionsunterricht hören unsere Kinder nicht nur Geschichten aus der Bibel (sofern sie sie hören!), sie lesen Texte der islamischen Mystik, des Talmud, sie lernen Naturreligionen und deren Bräuche kennen. Oft sind unsere Gottesdienste eine religiöse Mixtur, in der das Eigene nur noch schwer auszumachen ist. Wir sind als religiöse Menschen dazu genötigt auszuwählen, was wichtig ist und was wir weitergeben wollen. Wir müssen Entscheidungen treffen, und dies ist ebenso schön wie verwirrend.

Mein nächstes Stichwort für säkulare Zeiten lautet: der Verfall von prägenden und den Menschen unterstützenden Gemeinschaften. In meinem Dorf hat man nicht allein entschieden, ob und wie man religiös sein und Religion lehren soll. Die Gruppe, der man angehörte, das Dorf hat es einem immer schon gesagt. Die alte Gefahr war, daß das eigene Gewissen ersetzt wurde durch den Druck der Gruppe. Die neue Gefahr ist, daß keine Gruppe mehr da ist, die uns bei unseren Glaubensversuchen unterstützen könnte. Man kann sich den Lebenssinn nicht aus den eigenen Rippen schneiden.

Das letzte Stichwort zur Kennzeichnung säkularer Lagen lautet: der Verlust religiöser Formen! Erinnern wir uns einen Augenblick lang an die alten geprägten Landschaften! Es gab das Morgengebet, das Abendgebet, das Tischgebet, die in der Familie gelesenen Losungen, den sonntäglichen Gottesdienst. Die Zeiten hatten ihre Prägungen, und alles spielte sich in Rhythmen ab. Rhythmen sind Zeitformen. Diese Formen sind keine bloßen Äußerlichkeiten, es sind die Konturen des Geistes. Der Mensch lebt nicht nur von innen nach außen, sondern auch von außen nach innen. Er liest seine Innerlichkeit auch am Außen ab, an den Symbolen, Zeichen, Formen und Bräuchen, die er seinem

Leben gegeben hat und die eine religiöse Landschaft bilden. Der innere Lebensglaube lebt vom Rhythmus, von der Regel, der Lebensfigur, dem Form gewordenen äußeren und objektiven Glauben.

In diesen Zeiten also leben wir, versuchen wir unseren Glauben und beten wir: einsamer, unbeholfener, stammelnder, oft von Zweifeln erschöpft. Aber in jenem Stammeln liegt vielleicht mehr Freiheit und Würde als in den Zeiten, in denen die Gebete diktiert waren.

Man kann nicht über das Gebet sprechen, ohne von Gott zu reden, zu dem wir beten. Wer ist der Beter? Wer ist dieser Gott? Was ist das Gebet? Ich versuche dies zu sagen mit Hilfe eines Gedichts der chilenischen Dichterin Gabriela Mistral; es ist ein Liebesgedicht mit dem Titel »Scham« und eines der schönsten Gebete, die ich kenne.[1]

Wenn du mich anblickst, werd' ich schön,
schön wie das Riedgras unterm Tau.
Wenn ich zum Fluß hinuntersteige,
erkennt das hohe Schilf mein sel'ges Angesicht nicht mehr.

Ich schäme mich des tristen Munds,
der Stimme, der zerriss'nen, meiner rauhen Knie.
Jetzt, da du mich, herbeigeeilt, betrachtest,
fand ich mich arm, fühlt' ich mich bloß.

Am Wege trafst du keinen Stein,
der nackter wäre in der Morgenröte
als ich, die Frau, auf die du deinen Blick geworfen,
da du sie singen hörtest.

Ich werde schweigen. Keiner soll mein Glück
erschaun, der durch das Flachland schreitet,
den Glanz auf meiner plumpen Stirn nicht einer sehen,
das Zittern nicht von meiner Hand ...

Die Nacht ist da. Aufs Riedgras fällt der Tau.
Senk lange deinen Blick auf mich. Umhüll mich

zärtlich durch dein Wort.
Schon morgen wird, wenn sie zum Fluß hinuntersteigt,
die du geküßt, von Schönheit strahlen.

Ich wähle das Liebesgedicht zur Erklärung des Beters, des Gebets und des Gottes, zu dem wir beten, weil das Gebet der stärkste Ausdruck der Liebesbeziehung zwischen Gott und Mensch und Mensch und Gott ist und weil alle Gottesliebe ihren Abglanz und ihr Spiel findet in der Liebe der Menschen untereinander. Ich sage mit Bonaventura: »Omnes creaturae sunt umbrae, resonantia et picturae, sunt verstigia et simulacra et specula.« (Alle Kreaturen sind Schatten und Echo, sind Bilder und Spuren, sind Abbildungen und Spiegel.) Nichts also ist nur, was es ist. Es hat Anteil an der Heiligkeit und am Spiel Gottes, weil es Ebenbild ist, sein Echo und seine Spur. So kann das Irdische zur Propädeutik und zum Vorspiel alles Himmlischen werden.
Wen kennzeichne ich mit diesem Gedicht – das Gebet, den Beter oder Gott? Gottes Stimme möchte ich als erste hören aus diesem Gedicht. Er ist das erste Wort, er ist der erste Bettler, er ist der erste, der erhört werden will, weil er der größere Liebhaber ist. Erhören – ein Wort aus der Sprache der Liebe und aus der Sprache des Gebets! Im Anfang war kein stummer, in sich selbst verliebter Gigant; kein Narziß, der sich in der eigenen Schönheit sonnte. Der Grund der Dinge ist Sprache, ist Wort, das ins Leben zieht; ist Verständnis und Gehör. Der Anfang und der Grund ist die Bedürftigkeit Gottes, der so wenig mit sich selber auskommt, wie ein Liebhaber mit sich selber auskommt. Je geistiger ein Wesen ist, um so bedürftiger ist es. Vielleicht bettelt auch Gott: »Umhüll' mich zärtlich durch dein Wort!« Gott ist Gebet, er ist nicht stumme Verschlossenheit. Sein Mund fließt über wie der Mund eines Liebhabers. Im Anfang war das Wort, das Wort zieht uns ins Leben und ins Licht.
In einem Religionsbuch lese ich diese Worte: »Bevor Gott den Menschen schuf, um ihm seine Liebe und Gnade zu schenken, ist er bereits von Ewigkeit zu Ewigkeit. Gemessen an seiner ewigen Herrlichkeit werden alle menschlichen Freuden und Sorgen

zweitrangig: Gott kann auch ohne uns sein, wir dagegen brauchen ihn, wir sind völlig von ihm abhängig, und der einzige Sinn unseres Lebens ist es, diesen Gott vertrauend zu verherrlichen. Wenn Gott den sündigen Menschen verwerfen wollte, widerführe ihm nur volle Gerechtigkeit. Wenn wir uns seiner grundlosen Gnade erfreuen dürfen, haben wir deswegen aber keine Ansprüche oder kritische Fragen an Gott zu richten.«

Ich bin mir nicht sicher, ob dieser Autor nicht ein genaues Portrait des Satans geliefert hat. »Nur der Satan ist a se«, sagt Karl Barth. Der Autor beschreibt einen, der sich selber genug ist; der wie ein gut gelaunter Superman durch die Ewigkeit schlingert; dessen Licht dazu da ist, uns zu blenden, und vor dessen Helligkeit unsere Freuden und Sorgen zweitrangig werden. Einen Gott, der unsere Freuden und Sorgen, unseren Hunger und unseren Schmerz; der das Brot der Armen und die Folter der Gequälten zweitrangig macht vor lauter selbstverliebter Majestät, dem sollte man lieber nicht huldigen. Ein Liebhaber ist er jedenfalls nicht; hungrig nach unserem Blick ist er nicht. Wir sagen in unseren Kirchen mit leichter Zunge, daß Gott die Liebe ist, sprechen ihm aber oft alles ab, was einen Liebhaber ausmacht: das Begehren, die Sehnsucht, die Bedürftigkeit, die Abhängigkeit.

Gott ist der erste Beter, weil er das erste Wort der Sehnsucht spricht. Wer sind wir als Beter, und was ist unser Gebet? Das Gebet ist die Selbstauslieferung des Menschen an das Geheimnis des Lebens. Im Gebet sind wir am meisten die, die wir sein sollen; die nicht auf sich bestehen und die sich aussagen in den Grund der Welt. Wir werden im Gebet ein Gleichnis Gottes: wir genügen uns nicht selbst, wir suchen unsere Schönheit nicht in uns selber, wir hüllen uns nicht ein in die eigene Wärme. »Umhüll' mich zärtlich durch dein Wort!« sagen wir. Wir erkennen unsere eigene Schönheit und Würde im Blick Gottes. »Wenn du mich anblickst, werd' ich schön, schön wie das Riedgras unterm Tau.« Das Gebet ist der höchste Ort der Passivität; des Verzichts darauf, sein eigener Liebhaber und Schönfinder zu sein. Es ist die Passivität, die sich nicht wehrt gegen den Blick, der uns schön

16

und reich findet. Im Gebet weiß ich, daß ich nicht mein Selbsterbauer und Selbstrechtfertiger bin. Ich sage mich aus, ich überliefere mich dem Blick der Güte. Im Gebet haben wir aufgehört, etwas für uns selbst vorzubringen – eine Rechtfertigung, eine Entschuldigung, ein Argument, eine vorweisbare Stärke. Die Annahme der Gnade Gottes, die Annahme seines Blicks der Güte ist nicht eine Sache des theologischen Verstandes, sondern des Gebets. Vielleicht können wir uns selber nur ertragen und mit uns selber auskommen, indem wir im Gebet wegschwimmen in den Blick der Güte. Vielleicht können wir nur dann ruhig, stark und lebensgewiß sein, wenn wir nicht gezwungen sind, nur wir selber zu sein; wenn wir wissen, daß wir die sind, als die wir angesehen werden: »Wenn du mich anblickst, werd' ich schön!«

Das Gebet ist der höchste Ort der Passivität; der Ort der Wehrlosigkeit, an dem wir uns selber verlassen und uns unter das Gericht der Güte Gottes stellen. Im Gebet haben wir keine Argumente mehr, kein Rühmen, nicht einmal ein Verdammungsurteil über uns selbst. Das Gebet ist die eigentliche Form der Selbstentsagung. Man führt sich vor dem Blick Gottes nicht mehr an und auf.

> Wir entsagen willig allen Eitelkeiten,
> aller Erdenlust und Freuden.
> Da liegt unser Wille, Seele, Leib und Leben
> Dir zum Eigentum ergeben.
> Du allein sollst es sein, unser Gott und Herre
> Dir gebührt die Ehre.
>
> (G. Tersteegen)

Das ist in gar keiner Weise als eine moralische Haltung zu verstehen, eher ist es die absolute Haltungslosigkeit, die Aufgabe eines jeden Selbststandes; eine Aufgabe, die unsere Freiheit fördert. Dies muß eine liturgische Konsequenz haben. Die Form der Gebete muß Zeugnis geben von dieser Passivität und vom Verzicht auf sich selber. Es kann danach eigentlich nicht mehr die schön gelockten, parfümierten und nicht endenden Gebete geben, in denen der Beter oder der Pfarrer sich selber beweist. Diese Passivität ist der Verzicht auf jede Beabsichtigung. Im Gebet wollen wir nichts, als uns selber in den Blick der Güte stellen; dies allerdings, wie wir sind: mit allem Dank, mit allen Sorgen und mit aller Empörung. Beabsichtigungen verderben das Gebet. Ich will also nicht im Fürbittgebet des Gottesdienstes einen theologischen Gedanken aus der Predigt »nachreifen« lassen. Es soll nicht die letzte Stelle des Moraltransports sein. Es soll nicht die Stelle sein, an der wir unsere theologischen Feinde niederbeten. Nichts zeigt die Geistlosigkeit von Gottesdiensten deutlicher als ihre Verschwätztheit. Nichts zeigt unsere Verzweiflung deutlicher als unsere hektische Gesprächigkeit. Alle Gebete sollen etwas von dem Schweigen durchscheinen lassen, das das Wesen jener Wehrlosigkeit und Passivität ist. Wachsen im Gebet heißt auch: Wachsen ins Schweigen, bis wir vielleicht nur noch drei, vier Worte finden; vielleicht nur noch ein Bild; vielleicht brauchen wir irgendwann einmal keine Worte und Bilder mehr.

> Gott ist in der Mitte, alles in uns schweige
> und sich innigst vor ihm beuge.
> Wer ihn kennt, wer ihn nennt, schlag' die Augen nieder,
> kommt, ergebt euch wieder!
> (G. Tersteegen)

Sich ergeben ist die Grundgeste des Gebets: alles in uns schweige!

Was uns am meisten zum Beten befähigt, ist das Wissen, daß wir selber nicht die Meister unserer eigenen Sprache und unserer eigenen Gebete sein müssen. Wir sind nicht nur von uns selbst besetzt, und in unserem Inneren hausen wir zum Glück nicht allein. Der Geist wohnt in uns (Röm 8, 11). Unsere Gebete gelingen uns nicht aus der eigenen Stärke, sondern der in uns wohnende Geist vertritt uns mit unaussprechlichem Seufzen (Röm 8, 26).

Es gibt Enteignungen und Besetzungen, die den Menschen von sich selber fortreißen, seine Freiheit, seine Gedanken und seine Lieder zerstören, so daß er nur noch mit fremder und mechani-

scher Stimme sprechen kann. Es gibt Besetzungen, die uns die
Gefangenschaft der eigenen Herzen gar nicht mehr erkennen
lassen. Nicht das meinen die vielen Christus-in-uns-Formeln,
die Geist-in-uns-Sätze. Sie sprechen vom mystischen Austausch
der Liebe. So sagen es die Liebeslieder:

> Du bist min, ich bin din;
> Des solt du gewis sin.
> Du bist beslozzen in minem Herzen,
> verloren is das slüzzelin;
> du muost ouch immer darinne sin.

So sagt es die kecke fünfte Strophe von »Gott ist gegenwärtig«
von Gerhard Tersteegen:

> Luft, die alles füllet,
> drin wir immer schweben,
> aller Dinge Grund und Leben,
> Wunder aller Wunder:
> Ich senk mich in dich hinunter.
> Ich in dir,
> du in mir,
> laß mich ganz verschwinden,
> dich nur seh'n und finden.

Karl Barth würde sagen: Das ist mystische Frechheit. Aber es sind
Liebeslieder. Als Geliebte haben wir unsere Authentizität nicht
in uns selber. Wir sind nicht die, die wir sind. Wir sind die, als die
wir angesehen werden. Wir sind exzentrische Wesen. Wir haben
unser Zentrum nicht in uns selber, wir haben es im Blick der
Güte, mit dem wir angesehen sind. Unsere Sprache ist nicht gut,
weil sie gut ist, sondern weil sie gehört wird. Die Alten haben
die Psalmen Christus selber in den Mund gelegt. In seine Sprache und in seinen Geist bergen sich die Beter. Auch für das Gebet gilt das große Versprechen, nicht gezwungen zu sein, nur
man selber zu sein; mehr zu haben als die eigene Stimme, das eigene Herz und die eigene Kraft. Wir sind die, als die wir angesehen werden. Wir sprechen als die, aus denen der Geist spricht

– semper peccatores: immer zu wenig mit unseren kläglichen Stimmen; semper iusti: immer ausreichend, weil die Gebete eingeholt sind von dem Seufzen des Geistes.

Dies nun ist leicht gesagt und schwer zu glauben. Als Gegenfigur zu der Geliebten in Gabriela Mistrals Gedicht setze ich Stiller, die Romanfigur des Schweizer Schriftstellers Max Frisch. Stiller besteht auf seiner eigenen Ganzheit, und er scheitert an ihr. Er leidet an der neurotischen Sehnsucht nach einem anderen und unkompromittierten Ich und nach einem erfüllten Leben. Sein Leben ist ein großer Fluchtversuch aus seinem Hier und Heute. Er vertraut sich keinen Augen an als den eigenen. Aber vor dem unerbittlichen Gericht seiner eigenen Augen ist er stets als Versager verurteilt, als Halber, als Fragment, das sich selber unerträglich ist. Er hält es nicht aus zu sein, der er ist, und so beginnt der Roman mit der großen Geste der Verleugnung seiner selbst: »Ich bin nicht Stiller!« Der später angeklagte Stiller notiert in sein Tagebuch: »Immer wieder muß ich feststellen, daß ich mich mit meinem Staatsanwalt, meinem Ankläger, besser unterhalte als mit meinem sogenannten Verteidiger.«[2] Dem Blick, der uns anklagt, unter dem wir erbarmungslos uns selber deutlich werden und der in uns die unstillbare Sehnsucht weckt, andere zu sein, als wir sind, ist leichter zu glauben als dem Blick der Güte, der uns birgt und der uns schön findet gegen unsere eigenen Erfahrungen und Wahrnehmungen. Die Schauspielerin Hanna Schygulla sagte in einem Interview: »Ich schaue nicht mehr so viel in den Spiegel; denn die Augen, mit denen man sich selber anschaut, sind nicht die Augen, in denen man am besten aufgehoben ist.« Paulus nennt das »im Fleische leben«, dem Blick des Staatsanwaltes glauben und nicht dem Blick, der uns ins Leben bringt. Es ist schwer, sich trösten zu lassen, und man braucht die höchste Lebenskraft dazu, sich selbst als Fragment und doch als Nicht-Angeklagter wahrzunehmen. Max Frisch sagt von seinem Stiller: »Er ist nicht bereit, nicht imstande, geliebt zu werden als der Mensch, der er ist, und daher vernachlässigt er unwillkürlich jede Frau, die ihn wahrhaft liebt, denn nähme er ihre Liebe wirklich ernst, so wäre er ja genötigt, infolge-

dessen sich selbst anzunehmen – davon ist er weit entfernt.«[3]
Jener Stiller, der seiner Selbstanklage, seinem »Leben im Fleisch«
nicht entkommt, erschöpft sich auf dem Weg, ein anderer zu
werden, als er ist. Er erschöpft sich in den Fluchten nach seinem
eigenen höheren und akzeptablen Wesen. Hellsichtig ist er wohl,
und er weiß, daß sein Gefängnis aus seiner eigenen Hoffnung
besteht, doch irgendwann aus sich selbst heraus akzeptabel zu
sein und sich selber und den anderen genügen zu können. Er
weiß, daß sein Hoffnungsgefängnis aus der Sehnsucht besteht,
sich selber einzuleuchten und von anderen geliebt zu werden,
weil er liebenswürdig ist. Er ist hellsichtig und sagt: »Ich bin
nicht hoffnungslos genug, oder wie die Gläubigen sagen würden, nicht ergeben genug. Ich höre sie sagen: Ergib' dich und du
bist frei, dein Gefängnis ist gesprengt, sobald du bereit bist, daraus
hervorzugehen als ein nichtiger und ohnmächtiger Mensch.«[4]
Zwei Figuren: Stiller mit seiner unstillbaren Sehnsucht und unter dem Zwang, sich selbst und den anderen zu genügen. Er lebt
»im Fleisch«, weil er sein Leben durch sich selbst rechtfertigen
will. Er lebt unter dem Fluch der ständigen Flucht in den Anderen, den Ganzen, den Makellosen, den sich selbst Genügenden.
Was uns das Gebet leicht und heiter macht, ist die Tatsache, daß
es im Miteinander der communio sanctorum geschieht. »Allein
bist du klein!« ist nicht nur ein politischer Slogan, er ist auch in
einem tiefen Sinn eine religiöse Wahrheit. Viele von uns können
allein nicht mehr beten, aber mit anderen zusammen haben sie
noch Sprache. Noch einmal der Lebenstrost: meine Authentizität
beschränkt sich nicht auf die Übereinstimmung mit mir selber.
Ich kann meinen halben Glauben mit der Sprache und mit den
Liedern meiner toten und lebenden Geschwister maskieren.
Auch das ist eine Weise, den Glauben zu lernen: ihn den Geschwistern vom Munde abzulesen. Man lernt sich auch von
außen nach innen. Die Gebete der Kirche sind immer besser als
sie sind, weil die Toten sie vor uns gesprochen und sie gewaschen
haben mit ihren Tränen und Hoffnungen. Ein Psalm ist wie ein
abgegriffener Stein, durch viele Hände gegangen und schön geworden durch die Wärme der Geschwister. Man braucht nicht

an der eigenen Dürftigkeit zu verhungern, das heißt communio sanctorum, und das heißt, eine Tradition zu haben. So ist mir die fremde Sprache doch wichtiger als mein eigener windschiefer Glaube. Ich kann als Beter in Heiterkeit Fragment sein, weil alle Gebete in der Stimme des Geistes geborgen sind. Ich kann in Heiterkeit Fragment sein, weil der Glaube meiner Geschwister mein Gebet trägt.

Ein alter Gedanke stützt unsere Gebete und macht sie möglich: Sie haben teil am großen objektiven Werk des Lobes Gottes, das die ganze Schöpfung singt. Wir rühmen mit allen Himmeln des Ewigen Ehre und stimmen ein in den großen Lobgesang der Engel. Gott wird geheiligt mit der Stimme jeder Kreatur:

> Alles, was dich preisen kann, Cherubim und Seraphinen
> stimmen dir ein Loblied an, alle Engel, die dir dienen,
> rufen dir stets ohne Ruh: heilig, heilig, heilig zu.

Die Liturgie und ihre Gebete sind der Schöpfungsgesang aller Kreatur und als solches das große praeludium vitae aeternae – das Vorspiel zum ewigen Leben. Auf den einzelnen kommt es so viel oder so wenig an, wie es auf einen einzelnen in einem tausendstimmigen Chor ankommt. Sicher aber kommt es nicht auf seine innere Gestimmtheit an, wenn er nur einstimmt in den großen Gesang der Schöpfung. Das ist ein katholischer Gedanke, und ein richtiger Protestant wird wohl einwenden: Du verbirgst dich hinter einem Allgemeinen und versteckst dich hinter Engelchören. Du fragst nicht einmal danach, ob dein Gebet aus deinem Herzen kommt, dort verantwortet und geboren ist. Deine Zunge redet mehr als dein Gewissen und dein Bewußtsein. Ist das verantwortete Sprache? Die Güte deines Gebets entscheidet sich in deinem Herzen, denn das gute Herz bringt gute Gebete hervor, das gleichgültige Herz bringt Gleichgültigkeiten hervor. Du aber rechtfertigst deine Gebete durch den höheren Zusammenhang, in dem sie stehen. Rechtfertige dich durch dein eigenes Herz und durch dich selbst und spekuliere nicht auf Engelschöre!

Und wiederum der protestantische Zeitgenosse: Sei doch du selber, unverwechselbar und einmalig vor deinem Gott! Wage doch deine eigenen Lieder und deine eigene Stimme, deine eigenen Gesichtszüge und deine Sprache!

Der Katholik hat eine boshafte Vermutung: daß nämlich vieles von dem Wunsch nach Einmaligkeit, Unverwechselbarkeit, Authentizität und Unvertretbarkeit eher vom Zeitgeist eingeflüstert als in der Bibel gelesen ist. Außerdem ist der Katholik schon alt, vielleicht etwas lebensälter als der Protestant mit seinem Bestehen auf der eigenen Stimme und seiner Unverwechselbarkeit. Er ist schon älter, und er hat aus seinen Niederlagen gelernt, daß er sich selber nicht genügt. Er hat eine neue Sehnsucht gelernt, sich einzufügen in den großen Gesang aller, auch der Engel. Er will nicht mehr allein sein, und er ist der Authentizität müde, wenn auch der Zeitgeist schäumt. Er will mit vielen singen, er will die Gesänge wiederholen, die ihn schon einmal getröstet und über die Abgründe getragen haben. Er will seine eigene zittrige Stimme bergen in das große Lob der Welt. Er fragt nicht mehr danach, ob sein Herz auch fromm genug dazu ist; ob auch alles echt ist und ob auch alles von innen kommt. Er schüttet die Tränen seines Glücks und seiner Trauer in das große Meer des Lobes Gottes, das nicht ohne ihn besteht, aber schon lange vor ihm und noch lange nach ihm.

Der Grund des Lebens ist Sprache und Gehör! Ich möchte mir selber in den Weg treten, und ich frage: wo hört denn einer? Ist das Gebet mehr als ein Monolog? Im besten Fall eine Art monologischer Selbstvergewisserung, eine psychologische Methode, das große Mißtrauen in die Welt und in das Leben auszutricksen? Wir leiden daran, daß unsere Gebete echolos in dunkle Abgründe fallen. Ein ganzes Leben beten, ohne eine Antwort zu hören. Gott macht dem Beter sein Beten schwer. Der schlägt ihm in seinen täglichen Gebeten die Welt um die Ohren, und er schweigt. Kein Wunder, daß den Menschen das Gebet, diese Rede ohne Antwort, schwer wird. Bei uns Theologen ist man nicht überrascht, wenn wir ein Problem, eine Aporie aufwerfen, dann aber im nächsten Atemzug die Lösung hervorzuzaubern. Wir leiden an Stimmigkeitszwängen. Das Schweigen Gottes ist die große Einrede gegen das Weltvertrauen, gegen die Behauptung der Güte des Seinsgrundes, die jeder Beter aufstellt, indem er betet. Gottvertrauen macht »theodizee-empfindlich« (J. B. Metz), es zwingt zur Erklärung dessen, was das Vertrauen in Frage stellt. Der Glaube, der nicht blind ist, wird aufs tiefste irritiert durch das Schweigen Gottes, und so lehrt er eine der wichtigen Fragen zu stellen: Wo bist Du, Gott? Sei endlich Gott! Er verlangt von Gott, Gott zu werden. Wir sind es gewohnt, daß Gott die Frage stellt: Wo bist du Mensch?, und es gehört zu unserer Humanität, sie zu hören. Die Frage: Wo bist du, Gott? ist der atheistische Schatten des Glaubens selber. Der ernsthafte Glaube und der ernsthafte Atheismus sind nahe Geschwister, so wie die banalen Welterklärungskünstler und die schmerzfreien Gottesleugner nahe Kumpels sind.

Es gibt zwei Würden, die Würde der Untröstlichkeit und die Würde der unbewiesenen Behauptungen. Die Würde der Untröstlichkeit ist die des ernsthaften Atheisten. Er kommt nicht darüber hinweg, was dem Leben angetan wurde. Er ist fähig, das Augenlicht der Blinden zu vermissen, den aufrechten Gang des Lahmen und die Sprache des Verstummten. Er läßt sich nicht trösten über allem, was dem Leben angetan wurde, und er weigert sich, ein Ganzes zu nennen. Er bezweifelt nicht, daß gelegentlich außerordentliche und unerklärliche Dinge geschehen, die wie das unmittelbare Eingreifen übernatürlicher Mächte aussehen. Aber sie sind für ihn nicht relevant, sie beweisen nichts. Im Gegenteil: Wenn es solche Stellen gibt, dann wäre das die eigentliche Infragestellung des Glaubens. Dann erhebt sich noch viel dringlicher die Frage, warum das Wunder ausbleibt; warum die Blinden blind bleiben; warum die Lahmen lahm und warum die KZ-Wächter nicht plötzlich tot umgefallen sind. Es erhebt sich die Frage nach dem normalen Schweigen Gottes. In dem Lebensbericht eines Arztes lese ich die Geschichte seines Entrinnens. Das U-Boot, auf dem er als Arzt Dienst tat, wurde versenkt, und er entkam. Er war im Kessel von Stalingrad, und er entkam. Er erlebte das Bombardement von Dresden, und er entkam. Er schreibt: »Daß wir dabei nicht gefangen wurden und nicht umkamen, ist einer Verkettung von unwahrscheinlichen Glücksfällen zu danken. Eine Fügung vermag ich darin jedoch nicht zu erkennen. Nachdem zwei Drittel meiner Klassenkameraden getötet wurden, konnte ich nie mehr davon ausgehen, daß mir ein allgütiger, allmächtiger Gott ein besseres Schicksal zugeteilt hätte.« Im Psalm 91 heißt es: »Fallen auch tausend zu deiner Linken und zehntausend zu deiner Rechten, so wird es dich doch nicht treffen.« Dieser Vers ist nicht nur ein Trost, er ist eine tiefe Irritation, mit der der Glaube leben muß und für die er keine Lösung hat. Wir sagen allzu leichtmäulig: Gott hört und hilft auf eine andere Weise, als wir es erwarten und als wir es uns vorstellen. Aber die Menschen in den Lagern wollten nicht auf eine höhere Weise erhört werden. Sie wollten befreit werden von den Demütigungen, vom Hunger, von den Vergewaltigungen und vom barbarischen Tod. Gott erfüllt unsere Bitten, indem er sie zurechtrückt; indem er sie transformiert und sie nach seinem eigenen größeren Willen formt, »um ihr dann in dieser ihrer korrigierten und zurechtgestellten Gestalt nur um so gewisser und herrlicher zu entsprechen« (Karl Barth). Aber die Gedemütigten haben einen Anspruch auf die Freiheit von ihrer Qual, weil sie Menschen sind und weil sie gedemütigt sind. Das Leben geht nicht auf, auch für den Glaubenden nicht. Gott hat uns gelehrt, groß vom Menschen zu denken, Söhne und Töchter nennt er uns. Je größer wir vom Menschen zu denken gelernt haben, um so weniger ist zu erklären, wiedergutzumachen, darüber hinweg zu trösten, was ihm angetan wird. Das ist die Würde der Untröstlichkeit.

Es gibt eine andere Würde, die Würde der unbewiesenen Behauptungen: Einmal wird es sein! Einmal wird es sein, daß die Steppe blüht; daß der Lahme seinen Tanz gefunden hat und der Blinde sein Augenlicht. Es ist die Pflicht der Sprache des Glaubens, das Versprechen der Ganzheit zu nennen; zu sagen, daß Gott sieht, hört, heilt, tröstet und die Toten zum Leben bringt. Dies mag schwer sein in Zeiten, die belustigt auf jeden Versuch einer Ganzheit schauen. Die, die Ganzheit einklagen und behaupten, mögen altmodisch sein, und sie mögen in die Nähe des

Kitsches geraten mit den Bildern und mit der Behauptung vom guten Ausgang des Lebens. Aber lieber des Kitsches verdächtigt sein, als die Versprechen für die Toten und für die Gequälten dieser Erde aufzugeben. Der Glaubende hält die Widersprüche aus, und er verfällt nicht in Lösungs- und Sinngebungszwänge. Er hört nicht auf, den Gesang der stumm Gemachten zu vermissen, und er kommt nicht hinweg über den Tod im Leben, *und* er preist Gott und lobt ihn, als ginge das Leben schon.

Nichts aber spricht dem Tod so sehr sein Recht ab wie das Gebet. Die Argumente gegen den Tod sind schwach und widerlegbar. Auch die wildeste Gottesanklage im Gebet setzt noch voraus, daß es ein Gehör gibt, und ist Zeichen des Vertrauens. Noch der Fluch auf das Leben, den Hiob Gott entgegenschleudert, ist Gebet und damit die Bezweiflung der Stummheit der Welt.

Stärker als die Gebete sind höchstens die gesungenen Gebete, die Lieder. Der Gesang ist die eigentliche Muttersprache des Glaubens. In einem der schönsten Märchen der Antike werden uns Ursprung und Gehalt der Musik gedeutet. Der Gott Pan jagt die Baumnymphe Syrinx. Sie flieht vor ihm, kommt an einen Fluß und bittet das Wasser, sie in eine Welle zu verwandeln, damit Pan sie nicht erkennt. Pan greift nach ihr, hält aber nur noch Schilfrohr in den Händen. Während seiner Klage fährt der Wind durch das Rohr, und Pan hört einen leisen und sehnsüchtigen Flötenton. Er bindet Schilfrohre verschiedener Größe zusammen, und wir haben die Panflöte. Die ersten Töne, die er spielt, sind die der Klage, des Vermissens und des Entbehrens. Musik ist der »Ruf ins Entbehrte«, sagt Ernst Bloch zu der Syrinxgeschichte. Die Panflöte gleicht am meisten der Orgel, und diese gleicht am meisten der menschlichen Stimme. Gesang als Ruf ins Entbehrte und Gesang als Ausgriff in die Fülle! Im Lied kann man am unverschämtesten die Güte der Welt besingen. Was schon da ist, wird in seiner Güte und Schönheit besungen. Was noch nicht da ist und ersehnt wird, wird herbeigesungen. Unsere Stimme und unser Mund sind oft klüger als unser Herz. Es ist erstaunlich, was wir singen. Wir singen: »Aus meines Herzens Grunde sag' ich dir Lob und Dank!« Aber wie unbeteiligt ist oft der Herzensgrund!

Wir singen: »Ist Gott für mich, so trete gleich alles wider mich!« Singt das Herz, oder singt nur der Mund? Es ist eine falsche Frage. Manchmal singt wirklich nur der Mund. Aber wir sind ja nicht nur Herz, Gottseidank! Wir sind auch unser Mund, der das schwache Herz hinter sich herschleift, bis es wieder auf den eigenen Beinen gehen kann. Daran ist nichts falsch. Das Herz muß nicht immer Meister seiner selbst sein.

Eine Voraussetzung der Spiritualität des Gebetes ist der herrschaftsfreie Umgang der Menschen untereinander und der Menschen mit der außermenschlichen Natur. Hier liegt eines der Haupthindernisse dafür, Lebenssinn zu begreifen. Unsere macherischen Fähigkeiten sind ins Immense gewachsen, und die pathischen Begabungen verkümmern. Der Mensch – zumindest in unserem Kulturkreis – fühlt sich allein als Macher gerechtfertigt, und sein Selbstverständnis bricht zusammen, wo er sich nicht mehr als Macher erfahren kann. Kann man in einer solchen Kultur auf etwas anderes hoffen als auf die eigene Stärke? Kann man sich hergeben und entlassen in das große Geheimnis der Welt? Könnte es sein, daß die imperiale Weise, mit der wir mit uns selber und der außermenschlichen Natur umgehen, etwas zu tun hat mit dem Verlust der passiven Stärken und der nicht-aggressiven Fähigkeiten des Menschen: der Geduld, der Langsamkeit, der Stillefähigkeit, der Hör- und Aufnahmefähigkeit, des Wartenkönnens, des Lassens und der Gelassenheit, der Ehrfurcht und der Demut? Sich ins unendliche Geheimnis sagen zu können heißt auch: befreit sein zur Endlichkeit; davon befreit sein, selber Gott spielen zu müssen. Nur Wesen, die sich ihrer Endlichkeit bewußt sind, können geschwisterlich miteinander umgehen und können den eigenen Siegeszwängen entsagen.

Wir entfernen uns von der Natur und ihrer Kraft des Trostes und der Heilung. Die Natur, der ich mich ohne Herrschafts- und Benutzungsabsichten nähere, heilt. Sie läßt wenigstens für einen Augenblick die Fragen des Zweifels verstummen. Die Schönheit, die über sich selbst hinausweist, ist eine Art Propädeutikum des Glaubens und der Spiritualität. Wenn ich an einem klaren Frühlingshimmel einen Zug Kraniche nach Norden ziehen sehe, dann frage ich nicht mehr, ich staune. Wenn ich ein Blatt im Wind tanzen sehe und wenn ich einen Sonnenaufgang über dem See erlebe, dann verstummt der Zweifel, wenigstens für Sekunden, wenigstens für Augenblicke. Die Natur heilt. Sie lenkt den Blick von uns selbst ab. Sie lehrt uns nicht glauben, aber sie ist eine Vorschule des Glaubens. Sie lehrt Ruhe, Schönheit, Endlichkeit, Sterben. Sie lehrt Grenzen, Zeiten, Rhythmen. Sie lehrt es uns, wenn wir nicht über sie siegen müssen.

Wie lernt man beten? Ist die Gabe des Betens nicht den besonderen religiösen Genies vorbehalten? Beten ist keine Kunst, sondern ein Handwerk. Der durchschnittliche Mensch kann es lernen, wie er lesen, schreiben und kochen lernen kann, es gehört dazu keine besondere angeborene Frömmigkeit. Wohl muß man eine gewisse Aufmerksamkeit für das Leben haben, eine gewisse Leidenschaftlichkeit; die Fähigkeit zu wünschen und die Fähigkeit, Zustände unerträglich zu finden. Man kann beten, wenn man weiß, wofür man beten soll.

Aber wie jedes andere Handwerk verlangt auch das des Betens bestimmte Regeln und Methoden. Sie reinigen uns von der Zufälligkeit des Augenblicks und machen uns langfristig. So möchte ich einige bescheidene Regeln nennen, die uns zur religiösen Aufmerksamkeit verhelfen können:

1. Entschließe dich zu einem bescheidenen Vorhaben auf dem Weg zum Gebet! Es gibt das Problem der Selbstentmutigung durch zu große Vorhaben. Ein solcher bescheidener Schritt könnte sein, am Morgen oder am Abend einen Psalm in Ruhe zu beten; sich einige Minuten für eine Lesung freizuhalten; den Losungen in einigen Minuten seine Aufmerksamkeit zu widmen. Wenn dies nicht möglich ist, liegt es nicht an der Hektik und der Überlast unseres Berufes, sondern daran, daß wir falsch leben.

2. Gib deinem Vorhaben eine feste Zeit! Bete nicht nur, wenn es dir danach zumute ist, sondern wenn es Zeit dazu ist. Regelmäßig beachtete Zeiten sind Rhythmen, Rhythmen sind gegliederte Zeiten. Erst gegliederte Zeiten sind erträgliche Zeiten.

Lineare und nicht gegliederte Zeiten sind öde und schwer erträglich.

3. Gib deinem Vorhaben einen festen Ort! Orte sprechen und bauen an unserer Innerlichkeit.

4. Sei streng mit dir selber! Mache deine Gestimmtheit und deine augenblicklichen Bedürfnisse nicht zum Maßstab deines Handelns! Stimmungen und Augenblicksbedürfnisse sind zwielichtig. Die Beachtung von Zeiten, Orten und Methoden reinigt das Herz.

5. Rechne nicht damit, daß dein Vorhaben ein Seelenbad ist! Es ist Arbeit – labor!, manchmal schön und erfüllend, oft langweilig und trocken. Das Gefühl innerer Erfülltheit rechtfertigt die Sache nicht, das Gefühl innerer Leere verurteilt sie nicht. Meditieren, Beten, Lesen sind Bildungsvorgänge. Bildung ist ein langfristiges Unternehmen.

6. Sei nicht auf Erfüllung aus, sei vielmehr dankbar für geglückte Halbheit! Es gibt Ganzheitszwänge, die unsere Handlungen lähmen und uns entmutigen.

7. Beten und Meditieren sind kein Nachdenken. Es sind Stellen hoher Passivität. Man sieht die Bilder eines Psalmes oder eines Bibelverses und läßt sie behutsam bei sich verweilen. Meditieren und Beten heißt frei werden vom Jagen, Beabsichtigen und Fassen. Man will nichts, außer kommen lassen, was kommen will. Man ist Gastgeber der Bilder. Setze den Texten und Bildern nichts entgegen! Überliefere dich ihrer Kraft und laß dich von ihnen ziehen! Sich nicht wehren und nicht besitzen wollen ist die hohe Kunst eines meditativen Verhaltens.

8. Fang bei deinem Versuch nicht irgendwie an, sondern baue dir eine kleine, sich wiederholende Liturgie. Beginne z.B. mit einer Formel (»Herr, öffne meine Lippen!«), mit einer Geste (der Bekreuzigung der Lippen), laß einen oder mehrere Psalmen folgen! Lies einen Bibelabschnitt! Halte eine Stille Zeit ein! Schließe mit dem Vaterunser oder einer Schlußformel. Psalmen und Le-

sungen sollen vor deiner Meditation feststehen. Fange also nicht an zu suchen während deiner Übung!

9. Lerne Formeln und kurze Sätze aus dem Gebets- und Bildschatz der Tradition auswendig! (Psalmverse, Bibelverse …). Wiederholte Formeln wiegen dich in den Geist der Bilder. Sie verhelfen uns zur Passivität. Sie sind außerdem die Notsprache, wenn einem das Leben die Sprache verschlägt. Sie sind wie ein Balken, an den man sich nach einem Schiffbruch klammert. Wir verantworten ihren Inhalt nicht, denn wir sprechen sie mit der Zunge der Toten und lebenden Geschwister.

10. Wenn du zu Zeiten nicht beten kannst, laß es! Aber halte den Platz frei für das Gebet, d.h. tue nicht irgend etwas anderes, sondern verhalte dich auf andere Weise still! Lies, setze dich einfach ruhig hin! Verlerne deinen Ort und deine Zeit nicht!

11. Sei nicht gewaltsam mit dir selbst! Zwinge dich nicht zur Gesammeltheit! Wie fast alle Unternehmungen ist auch dieses kleine brüchig, es soll uns der Humor über dem Mißlingen nicht verloren gehen. Auch das Mißlingen ist unsere Schwester und nicht unser Todfeind.

12. Birg deinen Versuch in den Satz von Römer 8: Der Geist hilft unserer Schwachheit auf. Denn wir wissen nicht, wie wir beten sollen, wie sich's gebührt. Sondern der Geist tritt für uns ein mit unaussprechlichem Seufzen. Wir bezeugen uns nicht selber. Der Geist gibt Zeugnis unserem Geist. Wir sind besetzt von einer Stimme, die mehr Sprache hat als wir selber.

Anmerkungen

[1] G. Mistral: Wenn du mich anblickst, werd' ich schön. Gedichte, München 1991.
[2] M. Frisch: Stiller, Frankfurt/Main 1955, S. 262.
[3] Ebd., S. 333.
[4] Ebd., S. 454.

Das Wunder und das Ausbleiben der Wunder
Bibelarbeit zu Markus 5,21–43

In einer Welt, der fast alle heiligen Bücher abhanden gekommen sind, behaupten Menschen, es gäbe etwas zu lesen. Sie behaupten, die Wahrheit sei ermittelbar. Sie lernen hoffen, und sie lassen sich belehren von dieser alten Lehrerin, der Bibel. Gelegentlich streiten sie auch mit ihr. Die alte Lehrerin verträgt das. Lassen Sie uns den Reichtum schätzen, den wir mit diesem Buch haben! Lassen Sie uns die Schönheit schätzen: Menschen lesen miteinander, und indem sie lesen, glauben sie an die Wahrheit, und sie werden wahrheitsdurstig. Lassen Sie uns auf die Stimme der alten Lehrerin hören, die uns von zwei Wundern erzählt, der Heilung der blutflüssigen Frau und der Erweckung der Tochter des Jairus!

Stellen Sie sich zunächst vor, wir hätten tagelang nicht gegessen und hätten nun großen Hunger. Die Alten von uns können sich an solchen Hunger durchaus erinnern! Nun kommt ein großer Erzähler. Er berichtet uns aus fernen Zeiten und Gegenden. Auch da hätten Menschen einst großen Hunger gehabt. Und da wäre einer gekommen, der sie mit den köstlichsten Speisen satt gemacht hätte. Der Erzähler malt es aus: mit Brot und Wein und Braten und Käse und mit Pudding und Eis hätte jener aus alten Zeiten sie versorgt. Uns, den Hungernden, läuft das Wasser im Mund zusammen. Wir fragen den Erzähler: Wo ist der Mensch, und wann kommt er? Der Erzähler antwortet: Ihr müßt warten! Jederzeit kann er kommen, und kann es geschehen, daß ihr satt werdet von Brot und Wein und Braten und Käse. Dann geht der Erzähler. Er hat uns noch zwei Aufträge hinterlassen: Wir sollen glauben, daß die wunderliche Geschichte geschehen ist, und wir sollen glauben, daß sie jederzeit wieder geschehen kann. Der Erzähler hat uns kein Brot und keinen Braten gegeben, keinen Wein und keine Wurst, sondern nur die Geschichte von Wein und Wurst und diesen mühseligen Glaubensauftrag.

So geht es uns mit den Wundererzählungen aus unserer Tradition. Was heißt es denn für einen Vater aus Hamburg, dem ein Kind gestorben ist, zu hören, daß einem anderen Vater in einem fernen Land und in ferner Zeit sein Kind wieder zum Leben erweckt wurde? Was heißt es für die Frau aus Essen, die von einer Krankheit nicht geheilt wird, wenn sie die Geschichte jener glücklichen Schwester aus fernen Zeiten hört? Was heißt es für die, die nicht gehen und sehen können, daß Menschen das Augenlicht zurückgegeben wurde und daß zu ihnen gesagt wurde: Steh auf, nimm dein Bett und wandle! Was heißt es für all die Männer und Frauen mit ihren gestorbenen Kindern, mit ihren leiblichen und seelischen Wunden, mit ihrem Hunger und Durst? Nicht nur die blutflüssige Frau hat von Herzen gewünscht. Wir alle wünschen und betteln: Komm! Leg' die Hände auf sie, damit sie gerettet wird. Wir alle hoffen: wenn ich auch nur seinen Mantel berühre, werde ich gerettet werden. Wir alle bitten darum, daß die bösen Geister aus unserem Land ausgetrieben werden, wie jene Frau aus Syrophönizien es für ihre Tochter getan hat. Wir leiden darunter, daß unsere Bitten in dunkle Abgründe fallen, wie ein Stein in einen tiefen Schlund fährt, und man hört nicht, wo er aufschlägt. »Wo bist du, Mensch?« fragt uns Gott. Oft genug haben wir Grund zu fragen: »Wo bist du, Gott?« Das Leben geht nicht auf, auch für die Glaubenden nicht.

Das ist das eine, was zu sagen ist, wenn wir über die Wunder aus alten Zeiten reden. Aber das heißt nicht, daß das Ausbleiben der heutigen Wunder uns zu völliger Skepsis und zum Zweifel verdammt. Man kann sich widersprüchlich machen: man kann leiden an der wunderlosen Welt, und man kann sich in die Rettungsgeschichten der alten Zeiten hineinlesen. Die Wunder, von denen uns erzählt wird, sind wie Formulare, in die wir unsere Hoffnung, unsere Lebenswünsche und unsere Sehnsucht nach Rettung eintragen. Jede Befreiung, von der erzählt wird, vertieft unseren Durst nach Freiheit, und wir lernen, das Reich zu erwarten, in dem die Kinder nicht mehr sterben, bevor sie ihr Leben hatten; das Reich, in dem keiner mehr an den Rand gedrängt wird. Lassen Sie uns dies nun tun: mit unseren eigenen Lebenszweifeln, mit unseren Wunden, mit der Last der Welt einsteigen in diese zwei alten Geschichten des Entrinnens und der Lebensrettung. Lassen Sie uns keine falschen Fragen stellen, etwa ob diese Geschichten historisch so geschehen sind, wie sie erzählt werden! Wir wollen sie hören wie eine große Musik der Hoffnung. Überlassen Sie sich dem großen Traum, denn es kommt nur das, wovon wir schon einmal geträumt haben!

Ich trenne die beiden Geschichten, die in unserem Abschnitt ineinander verwickelt sind, und lese zunächst die Geschichte von der blutflüssigen Frau. Ich bitte Sie, jetzt nicht mitzulesen, Sie können es später tun, wenn ich sie auslege. Denken Sie auch nicht darüber nach, was die Geschichte bedeuten könnte! Folgen Sie einfach den Bildern! Wollen Sie nichts, beabsichtigen Sie nichts: wollen Sie weder verstehen noch erfassen noch analysieren! Seien Sie Gastgeber der Bilder und lassen Sie sie sanft bei sich verweilen!

»Die Menschenmenge folgte ihm, und sie umdrängten ihn. Da war eine Frau. Sie litt schon zwölf Jahre an Blutungen, und sie hatte von den Ärzten viel erduldet. Sie hatte all ihr Eigentum verbraucht, aber es hatte nichts geholfen. Ihr Zustand hatte sich verschlechtert.

Diese Frau hatte von Jesus gehört. Sie kam in der Menge von hinten heran und berührte seinen Mantel. Sie sagte sich: Wenn ich nur sein Kleid berühre, werde ich gesund. Und sogleich versiegte die Quelle ihres Blutes, und sie spürte es am Leibe, daß sie von ihrer Plage geheilt war.

Jesus spürte sogleich an sich selbst, daß eine Kraft von ihm ausgegangen war. Er wandte sich um in der Menge und sprach: Wer hat meine Kleider berührt? Seine Jünger sprachen zu ihm: Du siehst, daß dich die Menge umdrängt, und du fragst: Wer hat mich berührt?

Er sah sich um nach der, die das getan hatte. Die Frau aber fürchtete sich und zitterte; denn sie wußte, was an ihr geschehen war. Sie kam und fiel vor ihm nieder und sagte ihm die ganze Wahrheit. Er aber sprach zu ihr: Meine Tochter, dein Glaube hat dich gesund gemacht. Geh' hin in Frieden und sei gesund von deiner Plage!«

Die Frau: Zwölf Jahre sind eine lange Zeit zu leiden. Zwölf Jahre sich verstecken, zwölf Jahre Scham, zwölf Jahre an sich selber denken müssen, zwölf Jahre beschränkter oder verlorener Freiheit. Die lange Krankheit, das lange Leiden konzentriert uns auf ungesunde Weise auf uns selbst. Der weite Raum ist verloren. Leiden sind ja nicht nur körperliche Schmerzen. Das Leiden zwingt uns, uns jederzeit selbst wahrzunehmen. Zur Gesundheit gehört die Fähigkeit, sich selber zu vergessen und anderes wahrnehmen zu können als sich selber. Ein Moment der Krankheit ist, sich selber dauernd im Wege zu sein und von sich selber nicht loszukommen. Gesund ist, wer in ein Buch versinken kann, ohne alles auf sich selber zu beziehen. Gesund ist, wer die Morgenröte wahrnehmen kann, ohne sich selber in den Sinn zu kommen. Gesund ist, wer Unrecht wahrnehmen kann und der Empörung fähig ist, ohne durch sich selbst behindert zu sein. Zwölf Jahre von sich selbst umklammert zu sein, das war das Schicksal dieser Frau.

Zwölf Jahre Scham! Zwölf Jahre sich verstecken, aufpassen, daß nichts auffällt und daß keiner etwas merkt. Zwölf Jahre die Gesunde spielen, die Unauffällige, die Selbstverständliche. Und wenn die anderen ihr Leiden bemerkt haben, war sie zwölf Jahre die Beobachtete, die Besprochene, im besten Fall zwölf Jahre das Sorgenkind und die Sorgenfrau. Zwölf Jahre war sie nicht ebenbürtig, sie teilte die Ebene der anderen nicht, nicht einmal der nächsten Menschen. Zwölf Jahre Einsamkeit. Zwölf Jahre nur einen Gast zu beherbergen, den unerträglichsten aller Gäste, nämlich sich selber. Mit sich selber allein gerät man in eine Welt des Wahns. Alle Gefahren werden größer, als sie sind, oder aber kleiner. Alle Probleme werden größer, als sie sind, oder aber kleiner. Alles wird spukhaft in dieser Verlorenheit des Menschen in sich selber. Die Leidende versteigt sich in ihren Gedanken, sie wiederholt sich zwanghaft, sie steigert sich ins Nichts. Es gibt den Wahn auf Zeit. Dies kann sein, wenn man unglücklich verliebt ist; wenn einem Unrecht geschehen ist und man dem Haß nicht entkommen kann; wenn man krank ist. Man fällt in einen verrückten Egoismus: Ich selber bin das einzige, was noch zählt. Zu solchen Wahnsituationen gehört der Deutungszwang. Es muß doch eine Erklärung für meine Krankheit geben! Und leicht verfällt man in die unglücklichste aller Erklärungen: Ich selber bin schuld. Vielleicht fallen Frauen noch mehr als Männer in den Zwang der Selbstbeschuldigung. Krankheit und Schuld! Nicht nur die Gesellschaft verfällt dauernd auf diese Unglück stiftende Erklärung. Man selber gerät in den Zwang, sich als schuldig zu sehen. Und dann kommt zum Leiden des Leibes das Leiden der Seele, das schlechte Gewissen und die Qual der Selbstverachtung.

Die Leidende ist eine Frau, eine Frau in einer von Männern dominierten Gesellschaft. Nein, wir brauchen nicht an jene alte Gesellschaft zu denken, es genügt, wenn wir unsere eigene Zeit und Gesellschaft in jene Geschichte hineinlesen. Die Frau ist unrein, nicht unrein vor dem jüdischen Gesetz, sondern in den Augen der Männer. Sie ist unrein, schmutzig, sie steht sexuell nicht zur Verfügung. Sie wird exkommuniziert vom Blick der anderen. Und dann die entscheidende Beschreibung: sie hat all ihr Geld für ihre Heilung bei den Ärzten gelassen, und es hat nichts genützt. Die Leidende ist arm. Als Frau krank sein und zugleich arm sein – das ist nicht nur in alten Gesellschaften ein fast tödliches Problem. Es ist es auch heute. Armut ist nicht nur eine Frage der fehlenden finanziellen Mittel. Langsam ist die Frau verarmt. Die Spielräume ihres Lebens wurden immer enger. Armut: immer weniger konnte sie über ihr Leben verfügen. Armut: immer mehr Beziehungen zu Menschen und zur Gesellschaft hat sie verloren. Armut: sie konnte sich kaum noch öffentlich zeigen. Armut: immer mehr leidet sie an sich selber. Und schließlich die äußerste und alles verschärfende Armut: all ihr Geld ist verbraucht. Kann sie sich noch ernähren? Hat sie noch eine Wohnung? Kann sie sich noch kleiden?

Eines hat sie noch nicht verloren, was die Armen meistens auch noch verlieren: ihre Hoffnung auf Veränderung. Und so hört sie gierig die Geschichten von jenem Wunderrabbi, der durch das

Land zieht und predigt und heilt. Sie drängt sich durch die Menge und berührt seinen Mantel. »Wenn ich nur seinen Mantel berühre, werde ich gesund.« Es gibt ein Wunder vor dem Wunder: daß diese arme Frau ihre Lebensgewißheit behalten hat und daß sie ihren Traum nicht verloren hat, endlich gesund zu sein; endlich wieder dazuzugehören; endlich nicht mehr ein verachtetes Wesen zu sein. Der Glaube der Frau ist die Kraft, mit der sie die Kraft Jesu hervorlockt; mit der sie Jesus ermächtigt, sie zu heilen. Der Bibeltext spricht die Heilkraft dem Menschen selber zu: Dein Glaube hat dich gesund gemacht. Aber die Armut tastet meistens nicht nur den Leib und das äußere Leben von Menschen an. Sie verletzt auch ihre Seele. Sie trocknet ihre Zuversicht auf das Leben aus. Sie begräbt ihre Hoffnung, ihre Lebensgewißheit und ihre Erwartungen. Es kann nur noch schlimmer kommen, sagen sie und vergraben sich in die schlechte Gegenwart. Darum sind die Armen oft so konservativ, weil sie es verlernt haben, an eine bessere Zukunft zu glauben. Gott wartet auf den Glauben der Menschen. Aber der Glaube und die Lebenszuversicht ist oft zu viel verlangt von den Armen. Man kann die Armen, nachdem ihnen alles abhanden gekommen ist, nicht auch noch für die Stärke ihrer Lebensgewißheit verantwortlich machen. Kein Wunder, daß die Wunder ausbleiben. Diese arme Frau hat ihre Hoffnung noch nicht begraben. Und so berührt sie »von hinten seinen Mantel« und wird geheilt. Sie spürt es durch ihren ganzen Leib: Sie ist geheilt.

Und Jesus? Er stellt sich zuweilen stufflig an. Als die Frau aus Syrophönizien, die Heidin, ihn um die Heilung ihrer Tochter bittet, erklärt er wie ein konservativer Erzbischof: Nein, ich bin nur zu den verlorenen Schafen des Hauses Israel gesandt. Nein, keine Vermischung! Klare Religions- und Konfessionsgrenzen! Die Frau muß ihn geradezu überlisten, ehe er die Tochter heilt. Hier: die Frau tut das Einfachste von der Welt: sie berührt ihn. Und all ihr Flehen und ihre Hoffnung liegt in der Berührung. Aber er: wer hat mich berührt? Sogar den Jüngern ist es zu viel, und sie sagen: wundert es dich? Du siehst doch, wie die Menge dich umdrängt! Es ist, als sei er böse auf das Wunder und auf die Kraft, die ihm sozusagen entwichen ist. Die Frau fürchtet sich und zittert und fällt vor ihm nieder. Mein Gefühl ist bei dieser verängstigten Frau, die sich in den Staub demütigt, nicht bei dem Jesus, der Ausschau hält nach seiner verlorenen Kraft.

Da erzählt die Frau, »was ihr in Wahrheit geschehen war«. Sie erzählt ihr ganzes bitteres Leben, ihre Hoffnung, ihre Enttäuschung und schließlich ihre Heilung. Die Frau breitet sich mit dieser Erzählung vor Jesus aus. Sie betet. Beten heißt, sich vor Gott ausbreiten mit der ganzen Geschichte unseres Lebens, mit unseren Wunden, mit unserem Glück, mit unserer Zuversicht und mit unserem Unglauben. Wir erzählen Gott, was uns »in Wahrheit geschehen ist«, und überlassen es ihm, was er damit macht. Und vielleicht hören wir den großen Zuspruch des Friedens: Geh hin, meine Tochter; geh hin, mein Sohn, geht hin in Frieden! Dein Glaube hat dich gesund gemacht. Vielleicht sagt er auch: geht hin, meine Söhne und Töchter! Ihr wart zu müde zum Glauben, zu geschunden. Ich ersetze mit meinem Glauben an euch, was eurem Glauben fehlt, und ich mache euch gesund.

Die zweite Wundergeschichte aus unserem Bibeltext:

»Jesus setzte mit dem Boot ans andere Ufer über. Eine große Menschenmenge sammelte sich um ihn. Es war dicht am See. Da kam einer von den Synagogenvorstehern zu ihm mit Namen Jairus. Er sah Jesus, fiel ihm zu Füßen, bat ihn und sprach: Meine kleine Tochter stirbt. Komm doch und lege deine Hände auf sie, damit sie gesund werde und lebe! Als er noch redete, kamen Leute aus dem Haus des Synagogenvorstehers und sagten: Deine Tochter ist gestorben. Was bemühst du weiter den Meister! Jesus aber hörte, was sie sagten, und sprach zu dem Vorsteher: Fürchte dich nicht, glaube nur! Und er ließ niemanden mit sich gehen als Petrus und Jakobus und Johannes, den Bruder des Jakobus.

Sie kamen in das Haus des Vorstehers, und er sah das Getümmel, und wie sehr sie weinten und heulten. Und er ging hinein und sprach zu ihnen: Was lärmt und weint ihr? Das Kind ist nicht gestorben, es schläft. Und sie verlachten ihn. Er aber trieb sie alle hinaus und nahm mit sich den Vater des Kindes und die Mutter und die bei ihm waren und ging hinein, wo das Kind lag. Und er griff das Kind bei der Hand und sprach zu ihm: Talita, kumi! Das heißt: Mädchen, ich sage dir: steh auf! Und sogleich stand das Mädchen auf und ging umher. Es war zwölf Jahre alt. Und sie entsetzten sich zugleich über die Maßen. Und er gebot ihnen streng, daß es niemand wissen sollte, und sagte, sie sollten ihr zu essen geben.«

Zwölf Jahre Unglück der blutflüssigen Frau! Zwölf Jahre Glück des Mädchens! Es war erwünscht. Es wuchs als Tochter offensichtlich angesehener Eltern in guten Verhältnissen auf. Zwölf Jahre das Glück der Eltern mit ihrem Kind. Sie liebten das Mädchen, sonst hätte der Vater sich die Mühe nicht gemacht, Jesus zu suchen und ihn so eindringlich zu bitten. Während Jesus noch mit der geheilten Frau redet, kommen schon die Boten mit der Nachricht: Es hat keinen Zweck mehr, das Mädchen ist tot, auch der Wunderrabbi kann sie nicht mehr zurückholen. Jesus weigert sich, an den Tod zu glauben. Verliere dich nicht in deiner Furcht! sagt er zum Vater. Vertraue und glaube nur! Sie ist nicht tot, sie schläft! sagt er zu den Leuten, die ihn auslachen, weil sie Realisten sind und sehen, was sie sehen. Steh auf! sagt er zu dem Mädchen! Jesus weigert sich, an ihren Tod zu glauben. Gebt dem Mädchen zu essen! sagt er zu den Eltern. Tote essen nicht! Jesus weigert sich, an den Tod zu glauben. Oft vermuten wir die Kraft dieses Sohnes Gottes an den uneigentlichen Orten: daß er Wasser in Wein verwandelt oder daß er einen Sturm stillt. Seine eigentliche Größe besteht darin, daß er nicht an den Tod glaubt. Wenn wir zu ertrinken scheinen in unserer eigenen Schuld, sagt er: Deine Sünden sind dir vergeben. Er glaubt nicht an unseren Tod. Wenn alle Lebensaussichten verschwunden scheinen, sagt er: Ich sage dir, steh auf! Er glaubt nicht an unseren Tod. Jesus nachfolgen heißt: die Augenscheinlichkeit des Todes zu bezweifeln; es heißt, dem Tod sein Recht abzusprechen. Ich nenne ein Beispiel dieser Nachfolge: Der polnische Kinderarzt Janusz Korczak leitete ein jüdisches Waisenhaus in Warschau, später ein Heim für verwahrloste und verwaiste Arbeiterkinder, schließlich im Getto von Warschau ein jüdisches Kinderheim. Später ging er freiwillig mit den Kindern ins Todeslager Treblinka. Im Getto von Warschau lehrte er seine Kinder Mathematik, er erzählte ihnen Märchen, machte mit ihnen Musik und feierte mit ihnen den Sabbat. Nein, Wunder geschahen keine, und er kam mit seinen Kindern in Treblinka um. Aber er war ein Nachfolger seines großen jüdischen Bruders. Er sprach dem Tod das Recht ab. Er spielte das Leben noch im Angesicht des Todes. Wir glauben nicht mit Sätzen an den Christus. Wir glauben, indem wir eintreten in jene große Hoffnung und Bewegung für das Leben. Jeder, der einem anderen vergibt, glaubt nicht an die Todesstarre der Liebe und verhilft ihr zum Leben. Jeder, der Vergebung annehmen kann – es ist beinahe noch schwerer als vergeben! –, widerspricht dem Tod. Jede, die sich nicht abfindet mit der ungerechten Verteilung der Güter dieser Erde, weigert sich, an den Tod zu glauben. Es gab einen großen Protestzug durch das Bankenviertel, der vor allem von einer Gruppe von katholischen Ordensleuten geplant und angeführt wurde. »Die Macht des Geldes durchkreuzen« war ihr Motto in diesem Zentrum ökonomischer Macht. Sie protestieren gegen den Terror einer Ökonomie, dessen Folgen Hunger, Kriege, Flüchtlingsströme und Umweltzerstörung sind. Diese franziskanischen, benediktinischen, jesuitischen Brandstifter glauben nicht an die Endgültigkeit des Todes. Sie rufen: Euer Mut ist nicht tot, er schläft nur! Sie rufen: Männer und Frauen, steht auf aus eurer Gleichgültigkeit! Sie rufen: Gebt eurer Vision vom Recht für alle zu essen! Ernährt eure Träume von dem Brot der alten Geschichten, in denen das Recht für die Armen versprochen ist, das Augenlicht für die Blinden und der Tanz für die Lahmen! Christus will die Welt nicht allein heilen. Im zehnten Kapitel des Matthäusevangeliums wird die Geschichte der Berufung der zwölf Jünger erzählt, und Jesus erklärt ihren Auftrag:

»Er rief seine zwölf Jünger zu sich und gab ihnen Macht über die unreinen Geister, daß sie die austrieben und heilten alle Krankheiten und alle Gebrechen. ... Geht aber hin und predigt und sprecht: Das Himmelreich ist nahe herbeigekommen! Macht Kranke gesund, weckt Tote auf, macht Aussätzige rein, treibt böse Geister aus!«

Zwei Aufgaben erhalten die Jünger und mit ihnen alle Christen: die Predigt der nahen Ankunft des Reiches Gottes und das Wirken der Zeichen des Reiches. Die Predigt allein, Worte und Versprechungen allein wecken noch keine Hoffnung. Was nicht seinen Schatten vorauswirft, was noch kein Vorspiel hat, daran kann man nicht glauben. Die Worte sind die eine Art, das nahe Reich anzusagen. Die andere Art der Ansage sind die großen Zeichen: die falschen Geister werden ausgetrieben, die Gebrechen und Krankheiten werden geheilt, Tote werden ins Leben gerufen. Es soll das Erbarmen Gottes über die Menschen kommen, die »verschmachtet sind und zerstreut wie Schafe, die keinen Hirten haben«. Die Versprechungen Gottes sollen augenscheinlich werden. Sie sollen zur Vertreibung der falschen Geister werden, zur Gesundheit an Leib und Seele. Jesus war kein Spiritualist. In seiner Nähe wurde die Frau von ihrem Blutfluß geheilt, Blinde sahen, Lahme gingen aufrecht und Trauergeister wurden vertrieben. Wir sind keine Charismatiker mit Wunderkräften, wie Jesus und vielleicht noch seine Jünger es waren. Und doch sind wir von dem Auftrag nicht entbunden, zu trösten und die Gebrechen der Seele und des Körpers zu heilen. Unsere Wunder kommen alltäglich, eher verstaubt und undramatisch daher. Sie heißen heute: Stephanusstift in Berlin und Johannisstift in Bielefeld und Karlshöhe in Ludwigsburg. Sie heißen Protest gegen das Unrecht und Aufstand gegen den Tod im Leben. Oft wissen die Diakonissen in Bethel und die unscheinbaren Wundertäter, die da im Bankenviertel von Frankfurt das Recht einklagen, nicht einmal, daß sie Wunder tun. Aber sie stehen auf der anderen Kanzel der Kirche. Die eine Kanzel – ich sage nicht die erste Kanzel! – ist die Kanzel des Wortes. Sie hat einen zentralen Platz in unseren Kirchen. Die andere Kanzel ist die der Zeichen: »Sprecht: Das Himmelreich ist nahe herbeigekommen! Macht ihre Kranken gesund. Sprecht wie ich: Sie ist nicht tot! Er schläft nur! Gebt ihnen zu essen!« In unseren Kirchen ist die Ausbreitung des Wortes selbstverständlich und unbefragt. Unbefragt ist die Predigt, der Religionsunterricht, der Konfirmandenunterricht. Das ist richtig, denn Menschen brauchen den Trost und das Schwert des Wortes. Weniger selbstverständlich sind in unseren Kirchen die diakonischen Einrichtungen, die Kanzel der Zeichen, der Heilung und der Austreibung der falschen Geister. Wie stehen unsere Gemeinden zu diesen Werken? »Geht und predigt: das Himmelreich ist nahe herbeigekommen!« Die Predigt aber allein richtet nichts aus ohne die Augenscheinlichkeiten; ohne daß Menschen gehen lernen, ohne daß ihre Augen geöffnet und ihre Seelen getröstet werden. Wir bleiben nur Kirche des Wortes, wenn wir auch Kirche der wirksamen Zeichen bleiben. Nichts kommt mit dem reinen Wort aus, auch nicht das Reich Gottes. Nicht nur Gott mißt uns daran, daß wir die beiden Sprachen nicht auseinanderreißen: die Sprache des Wortes und die Sprache der Vorzeichen des Reiches. Auch die Gesellschaft glaubt der Kirche nur, wenn sie das Wort und die starken Zeichen in gleicher Weise ehrt. Die Diakonie und die Einklagung des Rechts für die Schwachen ist eine Grundaufgabe der Kirche. Unsere staubigen, kleinen, mühseligen Wunder sind nicht weniger als die großen Wunder Christi.

»Jesus ging hinein und sprach zu ihnen: Was lärmt ihr und weint ihr? Das Kind ist nicht gestorben. Es schläft nur. Da verlachten sie ihn.«

Laßt uns das Gelächter der Skeptiker zum Verstummen bringen, die ihr gottloses Glaubensbekenntnis beten, das heißt: Man kann nichts machen – die Sache ist gelaufen – es gibt eben Lebendige und Tote, Arme und Reiche – man muß sich damit abfinden – Kriege hat es immer gegeben – der Mensch ist von Natur aus schlecht – wir kleinen Leute sind sowieso ohnmächtig.

»Da verlachten sie ihn.« Laßt uns Ehrfurcht haben vor denen in unserer Kirche, die sich nicht irritieren lassen vom Gelächter des Unglaubens: die vor den Banken das Recht der Schwachen einklagen; die das gute Wasser und die Atemluft für unsere Kinder und Enkel einklagen; die das Recht der Tiere einklagen und die die Erde lieben, wie Christus sie geliebt hat! Sie sind die Prediger, die Predigerinnen auf der anderen Kanzel, auf die wir geschickt sind, der Kanzel der Zeichen des Reiches, das kommen soll.

Wer ist dieser Jesus, der da die starken Zeichen des Lebens wirkt? Wer ist dieser Jesus, den die einen als Scharlatan verlachen und die anderen als die Kraft Gottes bekennen? Wer ist dieser Jesus, von dem wir bekennen, daß der Tod ihn nicht halten konnte und daß er uns mitgenommen hat in seinen Tod und sein Leben? Es gab Zeiten, sie sind nicht lange vorbei, da ging das Interesse der Gläubigen darauf, ihn in großem Abstand zu sich selber zu halten. Sie sagten: Er konnte das, was wir nicht können – große Zeichen und Wunder tun. Er war das, was wir nicht sind – sündenlos. Er wußte das, was wir nicht wissen, und er belehrte als Knabe schon die Schriftgelehrten im Tempel. Es gab andere Zeiten, da sah man in ihm nur die Fülle unserer eigenen Möglichkeiten: man nannte ihn einen großen Menschen, ein moralisches Vorbild. Wer ist dieser Jesus? Die alte Frage, die die Menschen damals ihm selber gestellt haben. Wer ist er?

Jesus ist ein Mensch. Er wurde geboren von einer Frau, er hatte Geschwister, er wuchs auf und lernte, wie alle lernen, er aß und trank. Er konnte getröstet und verraten werden. Er konnte geliebt und geschmäht werden. Er konnte sich empören, er weinte, und er bat Gott, wie wir ihn manchmal bitten: verschone mich! Laß den Kelch an mir vorübergehen. Und wie die allermeisten von uns gab es für ihn am Ende seines Lebens kein Wunder. Keine Engel kamen, um ihn herauszureißen aus der Hand seiner Feinde, obwohl es doch im Psalm heißt: »Fallen auch tausend zu deiner Linken und zehntausend zu deiner Rechten. Dich wird es nicht treffen!« Es hat ihn getroffen, wie es uns trifft. Er war ein Mensch.

Wer ist dieser Jesus? Er ist das aufgedeckte Antlitz Gottes. Die Tradition hat dies in vielen Bildern gesagt: Er ist der Sohn Gottes, er ist der Christus, er ist die zweite Person der Trinität, er war vor allem Anfang. Er wird wiederkommen als Richter und Vollender. Wir haben nicht mehr als diese Bilder. Bilder sagen nichts Falsches. Sie erfassen die Wahrheit dieser Person tiefer, als Sätze und Formeln es können. Aber es sind nur Annäherungen an das

Geheimnis und Ahnungen des Glaubens. Ich möchte nicht weniger sagen als diese Bilder.

Christus ist das aufgedeckte Antlitz Gottes. In ihm erkennen wir die Absichten Gottes mit unserem Leben. Wir erkennen, daß er unsere Wunden heilen will, unsere Toten zum Leben bringen will, die Mächtigen vom Thron und die Armen in ihr Recht eingesetzt haben will. Christus ist der Kommentar, die Exegese und die Erläuterung Gottes, nicht nur in seiner Predigt, auch in seinem Leben. Die Gesichtszüge Gottes werden im Antlitz Christi erkennbar. Vieles vergeben die Menschen Gott. Schwer aber verzeihen sie ihm, daß er sich in den Masken unserer eigenen Gesichter in der Welt herumtreibt: als Armer, als Geschlagener, als Gefangener, als Fremder, als Sterbender. Sei Gott! sagen die Menschen ihm. Sei du doch wenigstens stark, wenn wir schon am Boden liegen! Sei du mächtig, wenn wir schon aus unserer Ohnmacht nicht herauskommen! Sei du strahlend, wenn schon unserem eigenen Leben aller Glanz genommen ist! Einem muß es doch gelingen, einer muß doch ungeschoren davonkommen, wenn das Ganze einen Sinn haben soll!

Ich lese in Abschiedsbriefen von Ermordeten aus der Nazizeit, wie Gerechte sterben. Ich lese, was die Worte ihrer letzten Stunde sind. So schreibt ein alter Kommunist:

»Du haderst mit den Verhältnissen, die dir den Bruder nehmen. Warum willst du nicht verstehen, daß ich dafür sterbe, daß viele nicht mehr einen frühen und gewaltsamen Tod sterben brauchen?«

So lese ich bei einem hingerichteten Priester:

>»Du bist die Kraft, durch die ich alles trage.
>Du bist die Wahrheit, die ich mutig sage.
>Du bist das Leben, das ich sühnend gebe.
>Du bist der Tod, aus dem ich ewig lebe.«

Man möchte einen Vater oder eine Mutter oder einen Bruder haben, die mit solchen großen Worten gestorben sind. Vom Tod des Gerechten erzählt man Unterschiedliches. Die einen überliefern Sätze, wie mit letzter Souveränität gesprochen. Die anderen wissen nur von einem Schrei, den er ausgestoßen hat: »Gott, mein Gott, warum hast du mich verlassen?« Man möchte einen Vater oder eine Mutter oder einen Bruder haben, die mit großen letzten Worten sterben. Aber ich möchte einen Gott haben, der in der letzten Stunde der Angst, des Todesschweißes und des Sterbens nicht mehr weiß als ich selber und der meine alte Frage kennt: Warum? Welch ein Sohn Gottes, der bis in die Gottlosigkeit uns gleich geworden ist! Ein geschwisterlicher Gott kann nur sein, wer in unsere eigene Endlichkeit gefallen ist. Die letzte Frage: Warum? Das ist das Ende der Erhabenheit. Das ist der versprochene Gott-mit-uns!

Ist das alles, was von jenem Gott zu sagen ist, daß er unsere Endlichkeit und unsere Schmerzen teilt? Es ist wohl das meiste und das eigentliche, was man von ihm sagen kann: er hat uns nicht alleingelassen. Er blieb nicht in seinem glänzenden Glück bei unserem Unglück. Es ist das eigentliche, was man von ihm sagen kann, weil die Liebe das eigentliche ist, was man von einem Wesen sagen kann, sei es Gott oder sei es Mensch. Aber Christus ist auch das Versprechen der Stärke Gottes. Eine Kraft ist von Christus ausgegangen, erzählt die Geschichte von der blutflüssigen Frau. Und die Frau wurde geheilt! Und das tote Mädchen stand auf! Wir brauchen die Stärke Gottes. Die Armen brauchen die Stärke Gottes. Die Kinder, die verhungern, brauchen unser Brot, aber sie brauchen auch die Stärke Gottes. Der Glaube, der so dreist ist, daß er niemanden aufgeben will, nicht einmal die Toten, braucht die Stärke Gottes. Wir Menschen sind uns viel, wir können uns viel sein. Aber wir sind uns nicht alles. Darum brauchen wir die Stärke Gottes. Darum singen wir das große Lied, das anfängt mit der Strophe: Einmal wird es sein. Einmal wird es sein, daß keine Kranke zwölf Jahre ihres Lebens dahinkriechen muß. Einmal wird es sein, daß kein Kind mehr einen frühzeitigen Tod sterben muß. Und die dreisteste aller Behauptungen: einmal wird es sein, daß der Tod sein Recht und seine Kraft verloren hat. Christus, das aufgedeckte Antlitz des mit uns leidenden und des starken Gottes. Gott weiß, was wir damit sagen! Gott weiß es, und das genügt.

Was meine ich eigentlich,
wenn ich Gott sage?

Diese Überschrift ist nicht meine Erfindung, es war die Vorgabe der Herausgeber eines Buches zur Gottesfrage. Zunächst ärgerte mich dieser Titel. Wer erlaubt sich eigentlich, mir diese Frage zu stellen: was meinst du eigentlich, wenn du Gott sagst? Wieviel Bekenntnis auf Papier und wieviel Indiskretion mutet mir da jemand zu mit der Frage nach meinem persönlichen Gottesglauben?

Meine zweite Frage: Habe ich das Recht, dieses Bekenntnis zu verweigern? Ich muß mich doch mitteilen können in meinen Hoffnungen. Ist nicht eines der Probleme von uns theologischen Lehrern und Lehrerinnen, daß wir kein Gesicht zeigen und daß die Menschen, die wir belehren, nicht wissen, wer wir sind? Wir können viel sagen über dieses und jenes, wir sind wissenschaftlich gebildet, und wir zeigen gern, daß wir es sind. Aber werden wir erkennbar? Lehren heißt: sich kenntlich machen; heißt zeigen: was man liebt und worauf man hofft. Wie aber kann man sich kenntlich machen, ohne sich zu prostituieren? Das ist ja das andere Problem theologischer Rede, daß man leichtmäulig mit dem Namen Gottes umgeht, als hätte man gerade mit ihm gefrühstückt. Wie also kann man keusch in der Sprache sein und doch kenntlich bleiben?

Wen meinte ich, wenn ich als Kind den Namen Gottes nannte? Diese Frage stelle ich am 1. September 2001, da ich diesen Artikel beginne. Ich erinnere mich an den 1. September des Jahres 1939. Der Krieg war ausgebrochen, und binnen weniger Stunden wurde unser saarländisches Dorf evakuiert. Wir wußten nicht, wohin wir kommen und wo wir die nächsten Nächte zu verbringen hatten. Es war zugleich Bettag, ein katholischer Brauch, bei dem an einem Ort den ganzen Tag über gebetet wurde. Wen haben die Menschen gemeint, die in der Angst jener Tage zu Gott gebetet haben? Sie hatten keine Zeit zu fragen,

wer dieser Gott sei, zu dem sie beteten; ob er ihre Gebete hörte und erhörte; ob er den Willen und die Macht dazu hätte. Sie haben gebetet. Die Situation der Angst und der Ungewißheit hat Fragen verstummen lassen, die sie vielleicht vorher hatten. Sie wurden herausgerissen aus ihrem Gehäuse alltäglicher Sicherheiten; sie hatten Sorgen. Die Not hat ihre Sprache ganz und authentisch gemacht. Sie hat den Riß überwindbar gemacht, der zwischen Reflexivität und Aufklärung einerseits und der Totalität religiöser Sprache andererseits besteht. Sie haben nicht mehr darüber nachgedacht, was sie tun. Sie haben einfach gebetet; sicher nicht alle, aber die meisten. Ich selber war ein Kind von sechs Jahren, und in meiner Sprache gab es noch keinen Riß. Meine Vorstellung und meine Sprache deckten sich noch. Ich meinte, was ich sagte; nicht weil die Not meine Sprache ganz machte wie bei den Erwachsenen, sondern weil meine Sprache noch keinen Riß hatte. Wenn ich »Gott« sagte, meinte ich jenen Vater, der schützen und alles zum Guten wenden kann. Ob er es immer tut, ist eine andere Sache. Aber selbst wenn er es nicht tut, wenn er nicht im wörtlichen Sinn erhört, so erhört er doch auf viel edlere und intelligentere Weise, als wir uns das vorstellten. Mit Gott meinte ich also die unbedingte Macht und Güte. Die Macht war sicher unbedingt, ob die Güte es immer war, war nicht ganz gewiß. Darum mußte man ihr gelegentlich nachhelfen durch Opfer und Verzicht. Ich erinnere mich an eine kleine Szene: Meine Schwester hatte heimlich ein Stück Kuchen aufgegessen, das ihr verboten war. Einen Tag später streute sie zur Sühne und als Reinigungsopfer ein Tütchen Brausepulver, das eine Tante ihr geschenkt hatte, in den Fluß. Vielleicht drückte sich so der erste Zweifel an der Güte und der Ganzheit des Lebens aus. Meine Schwester hatte das Gefühl, der Güte Gottes durch das Opfer, durch die »Sühne« doch etwas nachhelfen zu müssen. Wieviel Lebenszweifel, wieviel Atheismus wohnt in religiösen Systemen, in denen der Opfer-, Sühne- und Vergeltungsgedanke sehr stark ist!
Der Zweifel an Gott konnte bei uns Kindern damals nur maskiert auftreten, eben in der Vorstellung, daß Gott Opfer und

Sühne liebt. Ich erlebte später bei einem Enkel, der bei der folgenden Geschichte fünf Jahre alt war, daß der Zweifel bei Kindern auch schon eine Sprache haben kann. Er war krank und lag mit Schmerzen im Bett. Wir Erwachsenen saßen in der Küche. Er riß plötzlich die Tür auf und schrie: »Der Scheißgott! Ich habe gebetet, er solle mir die Schmerzen wegnehmen, und er hat sie nicht weggenommen. Jetzt gehe ich in den Garten und opfere den Götzen!« Hier hat der Zweifel schon beim kleinen Kind eine Sprache, er war nicht nur im Symbol versteckt wie beim Brausepulveropfer meiner Kindheit.

Gott war also an jenem 1. September 1939 für mich das Wesen unbedingter Überlegenheit und (ziemlich) unbedingter Güte. Ich mache einen Sprung von 30 Jahren und frage, wen ich mit dem Namen Gottes 1969 meinte, als ich 36 Jahre alt war. Es war die Zeit der großen Aufbrüche in Kirche und Gesellschaft, es war also eine »junge« Zeit, und wir waren jung. Es war die Zeit, in der wir in Köln beim »Politischen Nachtgebet« versuchten, gesellschaftliche Zustände in Gottesdiensten und vor unserer prophetischen Tradition zu bedenken. Ich habe damals sieben Thesen über das Beten verfaßt, die zeigen, was wir (hauptsächlich) meinten, wenn wir den Namen Gottes aussprachen. Das Gebet verzichtet auf das Wunder, habe ich geschrieben. Es setzt nicht die Aktivität Gottes an die Stelle der Aktivität des Menschen. Es bereitet den Menschen vor, die Verantwortung für seine Welt zu übernehmen. Es macht uns bewußt, was von uns getan und durch uns herbeigeführt werden soll. Wir haben nicht damit gerechnet, daß Gott andere Hände hat als unsere eigenen, und so haben wir diesen Satz der Teresa von Avila immer wieder zitiert. Ich sage dies nicht in altersweisem Lächeln über uns, die jungen und sich stark fühlenden Spunde. Wir hatten nicht Unrecht mit diesen Aussagen über das Gebet. Ob sie genügten und ob sie zu einstimmig und widerspruchsfrei waren; ob sie vielleicht auch zu funktionalistisch waren, ist eine andere Frage. Es war unsere Wahrheit in jener Zeit, die nicht dadurch falsch wurde, daß in späteren Zeiten andere Wahrheiten dazukamen. Wir rechnen viel zu wenig damit, daß es verschiedene Wahrheiten in den Kirchen gibt, die Wahrheit der Kinder, der Frauen, der Männer, der Alten und der Jungen. Die Auseinandersetzung und der Streit ermitteln die Wahrheit in diesen verschiedenen Wahrheiten.

In jener Zeit der Stärke wollten wir Gott trösten. Wir sahen ihn umherirren als geschlagenes Kind, als geschändete Frau, als verhungernden Mann. Ich gebe zu, wir haben nicht zu viel von ihm erwartet, denn wir waren ja schon unterwegs, um ihm aufzuhelfen. Ehrfurcht und Empörung haben wir gelernt, wenn wir den Gott auf unseren Straßen wahrgenommen haben, Ehrfurcht vor den Armen und Empörung über das, was ihnen angetan wurde. Der Gott auf der Straße hat uns das Recht denken und die Wunden der Menschen zu beachten gelehrt.

Ich springe 30 Jahre weiter und bin ungefähr bei meinem heutigen Alter. Was hat sich verändert? Nach allgemeiner Meinung verliert man im Alter mit den Zähnen auch die Skepsis, und man wird frömmer. Ich glaube es nicht. Ich vermute, es gilt allgemein: Im Alter wächst sowohl der Wunsch und das Bedürfnis nach Einverständnis mit dem Leben als auch der Zweifel am Sinn des ganzen Unternehmens. Es wächst der Wunsch, Gott zu loben, und es wächst der Zweifel an ihm. Ich merke an mir, daß ich Psalmen bete, die ich früher eher gemieden habe, die Psalmen mit dem großen Lebenslob, den 104. und die drei letzten großen Preispsalmen des Psalters. Ich merke an dem, was ich schreibe und rede, daß Danken, Loben und Preisen neu und intensiv Themen werden. Man will vor dem Tod noch einmal alles zusammenkriegen, man kann nicht einverstanden sein mit dem Stückwerk Leben. Man geht sowohl aus Verzweiflung wie auch aus Einverständnis mit dem Glauben und seiner Sprache aufs Ganze, man nennt Gott – und weiß doch nicht genau, was man damit sagt.

Aber es ist auch der Zweifel gewachsen. In diesen Tagen habe ich am frühen Morgen den 98. Psalm gelesen: »Singet dem Herrn ein neues Lied, denn er tut Wunder! Er schafft Heil mit seiner Rechten und mit seinem heiligen Arm.« Mir fiel ein, was ich am Abend vorher gehört hatte: Ein Bekannter hat sich aus Verzweiflung und Einsamkeit das Leben genommen. Der Gedanke an diesen Menschen hat mir die Sprache verschlagen, und ich habe meine Bibel zugeschlagen. Man leidet im Alter wohl noch mehr am Schweigen Gottes, dem großen Einwand gegen den Lebensglauben. Gerade wenn man der Empörung fähig ist, wenn man fähig ist, das Augenlicht der Blinden und das Recht für die Armen zu vermissen, dann vermißt man das Wunder und den starken Arm Gottes, von dem die Psalmen so viel wissen. Ich habe aufgehört, ein Gottesverteidiger zu sein. Es überfällt mich der größte Ärger, wenn die Prediger im Gottesdienst Gott verteidigen und erklären, warum alles so ist, wie es ist; wenn sie erklären, daß Gott unsere Bitten auf höhere Weise erhört. Die Menschen wollen keinen Besserwisser-Gott, sie wollen Frieden, und sie haben ein Recht darauf. »Es gibt einen Unglauben, der in der Gnadenordnung steht« (Reinhold Schneider). Ich zitiere ein Gedicht der katholischen Journalistin Vilma Sturm, das sie vor ihrem Tod geschrieben hat. Sie war Zeit ihres Lebens ein Mensch von tiefer Frömmigkeit, und am Ende des Lebens überwucherten die Zweifel ihren Glauben:

Du umgibst mich

Du umgibst mich,
Gott,
du durchtränkst mir
die Eingeweide,
wohnst noch im äußersten Nervenende
des kleinen Fingers.
Du umwehst mich im Abendwind
und duftest mir aus dem Geißblatt
an meiner Tür.
Du durchtönst mich mit Melodien,
Mozart beispielsweise,
Divertimento B-Dur, KV 171,
und mit dem Lied vom Mond,
der soeben aufging
über dem schweigenden Wald.

...

Aber:

gilt das auch für die ...

in den Slums von New York,

in den Puffs von Sri Lanka und Saigon,

für die Elenden in der Todesnähe

von Aids, Hunger und Heroin?

Wie könnten sie einstimmen

in das Preislied deiner Allgegenwärtigkeit?

...

Dies bedenkend,

hör' ich zu singen auf.

In Tränen

ertrinkt

mein Lied.

Haben die Zweifel ihren Glauben wirklich überwuchert? Sie haben ihn widersprüchlich gemacht. Die Autorin des Gedichts ist fähig, die Schönheit des Lebens wahrzunehmen, und sie ist des großen Zweifels fähig. Ich verzichte im Glauben meines Alters auf jede Systematik und auf die Auflösung der Widersprüche. »Dies bedenkend, hör' ich zu singen auf«, schreibt Vilma Sturm. Sie hat übrigens nicht wirklich aufgehört. Sie hat ihr Gedicht immer wieder von vorn angefangen und gesagt: »Du umgibst mich« und sie ist immer wieder in den Zweifel geraten. Diese Frau feierte kurz vor ihrem Tod mit Freunden und Freundinnen die Messe – im Widerspruch zu ihrem Zweifel. Einen Tag, bevor sie starb, schrieb sie mir einen Brief: »(Für den Fall des Todes) habe ich umfangreiche Vorkehrungen getroffen und ihn mir sozusagen aus dem Kopf geschlagen. Ich bin kein bißchen fromm, sondern löse Kreuzworträtsel, lese Thomas Mann und höre Musik.« Dies wünscht man sich: glaubens- und zweifelsstark zu sein wie diese Frau, die sich als Schnecke ohne Haus fühlte und die betete; deren Zweifel bis in das Herz ihres Glaubens gekrochen waren und die das Abendmahl feierte; die in der allerletzten Stunde versöhnt ist; und über alle Fragen hinaus: die Musik hört und Kreuzworträtsel löst. Nein, sie ist nicht in der Schwebe geblieben zwischen Glaube und Zweifel, nicht in verspielter ästhetischer Äquidistanz zwischen Glaube und Skepsis. Ich will auch nicht sagen, daß ihr Glaube den Zweifel einfach besiegt hat (sogar hier ist mir das Siegen fatal!). Ihr Glaube hatte den Zweifel als fremden Schatten.

Die Toten drängen mich, an Gott zu glauben. Die Opfer fordern Versprechungen, die größer sind, als mein Herz wissen und vertreten kann. Da ich niemanden Opfer sein lassen will, nicht einmal mich selber, rufe ich: Gott wird die Toten nicht vergessen. Es wird ein Land kommen, aus dem die Seufzer geflohen sind und in dem jeder seine Sprache und seinen Gesang gefunden hat. Nein, es ist mir zu wenig, daß Gott keine anderen Hände hat als die unseren und kein größeres Herz als das unsere. An diesem Morgen lese ich in der Zeitung, daß irgendwo hier in der Nähe ein Kind ermordet wurde. Nein, ich lasse Gott nicht davonkommen. Er soll für das ungelebte Leben und den schrecklichen Tod des Kindes stehen. Er soll seine Tränen abwischen und ihm sein Lachen zurückgeben. So wahr es ist, daß Gott selber in die Hände der Räuber gefallen ist in allen Gestalten der Armut, die sich auf der Welt herumtreiben, so wahr ist − ich behaupte es, und ich verlange es! −, daß Gott alle Wunden heilen und die Toten erwecken wird. Ich setze darauf, und ich kümmere mich nicht darum, daß ich die Wette verlieren kann. Ich weiß, daß ich in unverstandenen Bildern rede, wenn ich mit der Bibel sage: »Gott wird abwischen alle Tränen von ihren Augen, und der Tod wird nicht mehr sein, noch Leid noch Geschrei noch Schmerz wird sein; denn das Erste ist vergangen.« Die Toten und ihr Schicksal öffnen mir den Mund für diesen Gesang, der mit seiner Vision vom guten Ausgang allen Lebens wie Kitsch klingt. Aber lieber des Kitsches verdächtigt sein, als die Solidarität mit den Opfern aufgeben.

Was meine ich also, wenn ich Gott sage? Ich meine den Gott des Erbarmens, des Rechts und der Stärke, der die Tyrannen stürzt und der die Toten erweckt. Ich meine den, der größer ist als unser Herz und unsere Hand. Ich meine nicht weniger, eher mehr.

Ich ärgere mich über eine theologisch-bürgerliche Abgefunden-
heit und Bescheidenheit, die nur sagt, was zu sagen ist. Die
Armen dieser Erde können sich so viel Bescheidenheit nicht
erlauben. Sie geben sich nicht mit jener abgezirkelten Sprache
zufrieden, sie gehen aufs Ganze. Wenn die Sprache für die Wünsche und die Hoffnungen bescheiden wird, dann werden wohl
auch die Wünsche selber bald bescheiden werden. Man kann die
Hoffnung in der reinen Sagbarkeit ersticken. Ja, wir müssen Gott
trösten, der unter die Räuber gefallen ist. Aber er tröstet auch
uns und verspricht, daß alles gut wird.

Ich habe versucht, meinen Glauben an Gott zu nennen, und ich
stelle fest, daß ich dies dauernd in fremder Sprache tue. Ich zitiere Jesaja, wenn ich auf das Land hoffe, »aus dem die Seufzer
geflohen sind«. Ich zitiere die Apokalypse, wenn ich behaupte:
»Der Tod wird nicht mehr sein, noch Leid, noch Geschrei, noch
Schmerz«. Welch ein Glück, daß ich eine Fremdsprache für meinen Glauben habe! In der fremden Sprache, in den Geschichten
und den Bildern von gestern berge ich meinen Glauben unter
der Maske der Toten. Tradition heißt, an die Stelle der anderen
treten. Wir übernehmen ihre Aufgaben und Arbeiten. Aber wir
treten auch ein in ihren Glauben und in ihre Lebensvisionen. Ich
stehe nicht allein, nicht einmal für meinen Glauben. Ich benutze die Sprache meiner lebenden und toten Geschwister, und ich
benutze damit auch ihren Glauben. Nichts langweilt mich so
sehr wie die Authentizitätswünsche der Gegenwart, die sich ausdrücken in der Ablehnung alter Sprache und Formeln. Das
Glaubensbekenntnis und die Gebete sollen maßgeschneidert
sein. Ich war gerade in einer Gemeinde, die das Glaubensbekenntnis ganz abgeschafft hat, weil es nicht mehr zeitgemäß sei.
Natürlich ist es das nicht! Wie dürftig ist die Beschränkung auf
das Zeitgemäße und auf die Sagbarkeiten. In den Formeln und
in der fremden Sprache der Toten springe ich weit hinaus über
mein eigenes Sprachvermögen. Ich spiele den Clown in der
Sprache der anderen, und ich lese die Hoffnung ab von ihren
Lippen. Wie buchhalterisch ist das Bestehen darauf, alles vor dem
»eigenen Gewissen« verantworten zu wollen. Mein Herz verant-

wortet nicht die Sprache, die die Auferstehung der Toten und den Sturz der Tyrannen nennt. Oft genug spricht man die fremden Sätze gegen das eigene Herz.

Wenn ich Gott nenne, meine ich nicht nur jenen starken Retter. Ich meine das unendliche Geheimnis der Liebe, und so sind Liebeslieder wohl die besten, die ihn besingen. Von Franz von Assisi wird erzählt, daß er zwei Stöcke vom Boden aufgehoben hat. Der eine war ihm Geige, der andere Bogen, und auf dieser Geige hat er »französische Lieder« gespielt, Minnelieder für Gott. Eines der tiefsten Liebeslieder, die wir im Gesangbuch haben, ist das Lied von Tersteegen »Ich bete an die Macht der Liebe«, und davon die zweite Strophe:

> Wie bist du mir so zart gewogen,
> und wie verlangt dein Herz nach mir!
> Durch Liebe sanft und tief gezogen
> neigt sich mein Alles auch zu dir.
> Du traute Liebe, gutes Wesen,
> du hast mich und ich dich erlesen.

Sage ich etwas von meinem Verhältnis zu Gott aus, wenn ich die fremden Liebeslieder zitiere, oder flüchte ich mich einfach in die Fremde und bleibe als Bewunderer stehen? Ich weiß selber nicht, ob ich etwas mit dem Gedanken anfangen kann, Gott zu lieben. Gewiß, ich weiß, daß ich ihn lieben, trösten und für sein Recht kämpfen kann, wenn er sich in unseren eigenen Masken in der Welt herumtreibt. Aber kann ich ihn direkt lieben? Früher hätte ich die Frage beantwortet mit der trocknen Bemerkung des 1. Johannesbriefes: Wer seinen Bruder nicht liebt, den er sieht, wie kann er Gott lieben, den er nicht sieht!

Vielleicht ist das eine vorsichtige Annäherung an die Gottesliebe, wenn ich die Gottesliebhaber zitiere und ihre Lieder und Geschichten schön finde. Ich nähere mich der Gottesliebe, wenn mich der Gedanke beunruhigt, daß man Gott unmittelbar lieben könnte. Wenn wir schon hilflos sind in der Kunst, Gott zu lieben, vielleicht können wir uns wenigstens von Gott lieben lassen. Sich lieben zu lassen aber scheint mir beinahe eine noch schwierigere Kunst als zu lieben. Sich lieben lassen, das heißt, keine Rechtfertigung mehr für die eigene Existenz nötig zu haben; nichts mehr gegen den Blick der Güte einwenden, nicht einmal die eigene Fragilität. Es gibt eine wundervolle Stelle im Hohen Lied, dem großen Liebeslied der Bibel (8,10): »Ich bin geworden in seinen Augen wie eine, die Frieden findet.« Das ist der Friede, der nicht mit den eigenen Waffen und der eigenen Stärke hergestellt wird, sondern entsteht im Blick, mit dem ich angesehen werde. Ich bin nicht angesehen, weil ich ansehnlich bin, sondern weil ich angesehen bin: ... in seinen Augen wie einer, der Frieden findet! Ich muß mich nicht selbst bezeugen, sondern der Geist Gottes bezeugt mich (Röm 8, 16). So brauche ich also nicht an meiner eigenen Kargheit zu verhungern. Je älter man wird, um so mehr merkt man, daß man mit sich allein nicht auskommt und daß es nicht genügt, für das eigene Leben zu stehen. Welche Heiterkeit des Lebens kann daraus entstehen zu wissen, daß man nicht der Garant seiner selbst sein muß; daß man den Ganzen spielen kann in der Figur des eigenen fragmentarischen Lebens. So bin ich denn unversehens auf das gekommen, was wir in unserer Tradition Gnade nennen. Gnade ist nicht der Differenzbegriff zwischen dem absoluten Gott und dem nichtswürdigen Menschen; es wäre sonst ein Begriff, mit dem der Mensch gedemütigt würde. Gnade ist der Ausdruck des Liebesspiels zwischen Gott und Mensch und Mensch und Gott. Ja, auch Gott will angesehen werden, und er braucht die Gnade des Menschen, weil er seine Liebe braucht.

Ich glaube nicht, daß ich mit diesen Gedanken Gott ermäßige und ihn zu einem Kerlchen mache, wie du und ich es sind. Er ist auch das unendliche Geheimnis, das ich nicht erreiche und nicht verstehe. »Wenn Gott Gott ist, dann ist er nicht aus unserer Seele herauszukitzeln« (Jakob Taubes). Die Hauptfrage ist nur, ob ich sein Geheimnis verstehe als seine unbezogene und absolute Größe und Macht, oder ob ich ihn das Geheimnis der Liebe nenne. Auch die Liebenden bleiben sich fremd, und vielleicht ist Gott der fremdeste, weil er der größte Liebhaber ist. Er ist der deus alienus, der fremde Gott, nicht aber der Fremde der Macht, sondern fremd in der Unbegreiflichkeit seiner Liebe. Ich tilge mit dieser Auffassung nicht die anderen großen Aussagen über Gott, etwa daß er der Richter ist. Die Liebe, sofern sie nicht schwächliche Zugeneigtheit ist, ist der Empörung, des Rechts und des Gerichts fähig. Die Sünde des Menschen wird gerade vor dieser Liebe dramatisch. Wenn Gott nur Macht und Autorität wäre, würde man ihn mit listigem Vergnügen bescheißen. Da er aber Liebe ist, ist die Sünde, die verspielte und die vertane Liebe, von abgründiger Größe. Aber das ist nicht das letzte Wort über uns. Das letzte Wort sind die großen Liebeserklärungen Gottes, wie ich sie etwa bei Hesekiel/Ezechiel finde (36, 25–27):

Ich will reines Wasser über euch sprengen, daß ihr rein werdet.
Von allen Unreinheiten und von allen euren Götzen will ich euch reinigen.
Ich will ein neues Herz und einen neuen Geist in euch geben.
Ich will das steinerne Herz aus eurem Fleisch wegnehmen
Und euch ein fleischernes Herz geben.
Ich will meinen Geist in euch geben
Und will solche Leute aus euch machen,
die in meinen Geboten wandeln und meine Rechte halten
und danach tun ...
Ihr sollt mein Volk sein, und ich will euer Gott sein.

Diese Sätze zu schreiben tut schon gut und ist wie Balsam. Vielleicht lernt man den Glauben auch, indem man die Sätze des Glaubens aufschreibt, auswendig lernt, sich auf die Stirn bindet. Man vergißt zu leicht, daß man sich auch von außen nach innen lernt. Man muß sich Entlastungsstrategien für das Herz ausdenken. Es braucht nicht alles zu tun und für alles zu stehen!
Wenn ich den Gott der Gnade nenne, meine ich auch unsere eigene Freiheit. Freiheit ist die Folge jenes Blicks der Güte. Es gibt keine Lebensverdammer mehr, und nichts mehr rettet das Leben als jener Blick. Um es mit Paul Gerhardt zu sagen:

Ist Gott für mich, so trete
gleich alles wider mich;
sooft ich ruf und bete,
weicht alles hinter sich.
Hab ich das Haupt zum Freunde
und bin geliebt bei Gott,
was kann mir tun der Feinde
und Widersacher Rott?

Die Entmachtung der Mächte, die Absetzung der Verdammer, die
Entwaffnung der Gewalten ist in den paulinischen Schriften und
in den Texten der Frömmigkeitsgeschichte ein durchgehendes
Motiv in Verbindung mit dem Begriff Gnade. Niemand kann
uns das Leben bestreiten. Der Widersacher Rott ist ohne Kraft
vor dem Gott, der für uns ist.
Nichts aber auch kann das Leben retten, kann uns die Schönheit
und den Reichtum geben, die wir brauchen, außer dem Blick
der Liebe. Der Glaube an die Geborgenheit des Lebens im Blick
Gottes hat eine Kehrseite: die Bezweiflung aller Mächte und Gewalten; aller Einrichtungen, Gewohnheiten und Gesetze; aller
Naturhaftigkeiten, Personen oder Lehren, die sich über die Gnade hinaus als lebensrettend, als substantiell notwendig ausgeben
und aufspielen. Das ist das anarchistische Prinzip, das in der Gnade selber begründet ist. Der Glaube daran, einen Ursprung der
Lebensrettung zu haben, weckt zugleich die Grundskepsis gegen
alles, was sich als unerläßlich und als lebensrettend aufspielt. Du

sollst keine fremden Götter neben mir haben! Du sollst nicht
glauben, daß dich etwas anderes rettet und birgt als jener Blick,
mit dem du angesehen bist! Der Glaube ermöglicht den Unglauben und das Mißtrauen gegen alles, was sich als unberühr-
bar, als unumstößlich und als grundlegend gibt. Es ist ein Grund
gelegt, und mehr Grund und Begründung brauchen wir nicht.
So hat der Glaube an die Güte des Lebens eine zersetzende
Kraft. Er zersetzt alle Mächte und vertreibt alle Geister, die diese Güte ersetzen und ergänzen wollen. Über die Güte Gottes
sind sich in der Kirche alle einig, nicht aber über ihre Folgen.

Güte ja, sagen die einen, aber Heterosexualität muß auch noch dazukommen! Wo Sachverhalte oder Personen essentialisiert werden, da wird die Gnade verraten und da begibt man sich wieder unter Mächte und Gewalten. Der Gott der Gnade mutet uns einen Abgrund an Freiheit zu. Vielleicht ist dieser Abschnitt unsystematisch und widersprüchlich. Aber widersprüchlicher als die Bibel ist er auch wieder nicht. Ich wünsche mir, daß ich einmal überhaupt nichts mehr meine, wenn ich Gott sage (und daß ich von niemandem nach meiner Meinung gefragt werde!). Ich wünsche mir, daß ich den Namen ohne weitere Hintergedanken und Absichten nennen kann, ja, daß ich ihn einmal vielleicht sogar ohne jede Hoffnung nennen kann, ihn nur nenne. Gott weiß allein, was mit seinem Namen gemeint ist, und das genügt.

Brot für die Fremden

In Erich Kästners *Doppeltem Lottchen* gibt es gegen Ende des Films folgende Szene: Die Eltern der Zwillinge lebten getrennt. Der raffinierte Plan der Mädchen hat sie wieder zusammengebracht. In einem Gespräch überlegen sie, ob sie dem Wunsch der Kinder folgen und zusammenbleiben können. Diese warten während des Gesprächs vor dem Zimmer, und eines sagt zum andern: Wenn wir jetzt doch beten könnten! Aber es fällt ihnen kein Gebet mehr ein außer dem einen: »Komm, Herr Jesus, sei unser Gast und segne, was du uns bescheret hast!« Damit hatten sie noch eine letzte Erinnerung an die große Sprache der Wünsche, die ausgreift bis ins Land des Gelingens und die in störrischem Trotz mehr verlangt, als die Gegenwart bietet. Wie aber hält sich die Sprache der großen Wünsche, der Träume und des Rechts? Wie lernt man sie? Wie lehrt man sie, und was sind die Schwierigkeiten der Lehrenden, der Predigenden und der Erziehenden in diesen säkularen Zeiten? Man kann leicht predigen und lehren, wenn die Lehre von einem allgemeinen gesellschaftlichen Konsens getragen wird. Was aber, wenn man als einsame Religionslehrerin in einer säkularen Schule lehrt? Was, wenn man in einer Hamburger Schule lehrt, in der die Kollegen der Überzeugung sind, daß der Religionsunterricht eine überflüssige Sache sei? Das führt oft zur Flucht vor der eigenen Deutlichkeit.

Das kann zunächst die Flucht in die Fremde sein: Unser Enkelkind geht in einen Kindergarten, in dem die Kinder auf zarte und verständnisvolle Weise aufgeklärt werden über Chanuka, den Ramadan oder über Pessah. Zu Weihnachten haben sie zwar bunte Sachen gebastelt, aber über den Sinn dieses Festes wurde nicht gesprochen. Viele Christen gehen in der Karwoche lieber zu Sederfeiern als zum Gottesdienst am Karfreitag. Im Religionsunterricht wird oft die Mystik des Islam (die wundervolle!) eher behandelt als die christlichen mystischen Bewegungen. Was heißt das für unseren Glauben und unser Selbstbewußtsein, daß wir oft lieber in den Vorgärten der anderen grasen als auf den eigenen Weiden?

Die zweite Flucht geht in die leichtmünzige Sagbarkeit. Der Religionsunterricht oder der Konfirmandenunterricht verliert seine Eigentümlichkeit, indem er das Gespräch mit den alten Texten und Bildern der Tradition aufgibt. Der Unterricht kann zum psycho-hygienischen Stündlein werden, und er erstickt in Allerweltsweisheiten. Man braucht uns in der Schule nicht, wenn wir nur sagen, was alle sagen. Ich hatte einen atheistischen Freund und Kollegen, den ich gerne in meine religionspädagogischen Seminare mitnahm. Die Studierenden sollten vor diesem Nicht-Christen begründen, warum sie Religionsunterricht in der öffentlichen Schule geben wollten. Sie sagten: Mit dem Unterricht wollen wir einen Freiraum in der Schule. Ich mit dem meinen auch, sagte er. Sie sagten: Wir wollen politisches Bewußtsein wecken. Ich ebenso, war seine Antwort. Sie sagten: Wir wollen Sozialisationsschäden aufarbeiten. Er: Ich ebenso. Und schließlich die Studierenden: Wir wollen eigentlich gar nichts anderes als Sie selber. Und er darauf: Wozu brauche ich euch, wenn ihr nichts anderes wollt und habt als ich? Wozu braucht uns eine Gesellschaft, wenn wir uns darauf beschränken, was gängig ist, und wenn wir die Fremdheit jener Sprache und Tradition unterschlagen?

Die Kirche soll sich entäußern und ihre Sprache und Bilder in das fremde Land der Säkularität bringen. Sie soll dulden, daß die Fremden sich ihrer bedienen in ihren Ängsten, in ihren Wünschen und in ihren Hoffnungen. Die Kirche soll sich aber nicht verleugnen. Ich habe da Probleme mit dem Protestantismus, den ich gelegentlich als die Konfession des geringen Stolzes und der Selbstbezichtigung erlebe. Wir haben in der Nähe von Hamburg ein großes buddhistisches Zentrum, das viele ernsthafte Menschen anzieht, natürlich auch viele nur modisch Interessierte. Diese Mönche leben in Ruhe und Gelassenheit ihren Buddhismus, und es fällt ihnen nicht ein, sich der fremden Umgebung anzupassen. Sie erklären sich und ihre Texte, aber sie machen sich nicht undeutlich. Die Menschen, die zu ihnen kommen, brauchen ihre Kenntlichkeit. Was würden wir wohl sagen, wenn sie unsere Strategien übernähmen: Menschen zur Verfügung zu stehen, aber vor lauter Unaufdringlichkeit, Selbstlosigkeit und Pädagogik sich der Eigentümlichkeit ihrer Tradition zu begeben, sozusagen in Zivil zu kommen. Das Befremdliche ist nicht das schlechteste an der Religion.

Ich habe gefragt: Wer sind die Pfarrer und die Lehrerinnen in dieser Zeit, und wie tastet die geringe Selbstverständlichkeit des Christentums in der säkularen Gesellschaft ihre Sprache an? Ich frage nun: An wen geht die Botschaft der Kirche in diesen Zeiten? Ich beginne mit einer These: Die öffentliche Rede der Kirche im Religionsunterricht, im Rundfunk, bei den Kasualien und im Konfirmandenunterricht richtet sich im Normalfall an Halbgläubige oder an Ungläubige. Sie ist Mission. Ich möchte mein Thema mit einem Beispiel beginnen.

Auf einem Treffen emeritierter Kollegen komme ich neben einem alten Professor zu sitzen. Nach einiger Zeit beginnt er ein Gespräch über das Sterben und über Beerdigungen. Im Gespräch wird er immer erregter. Er sagt: »Ich gehöre zu keiner Kirche, und ich bin Atheist. Was wird mit mir, wenn ich sterbe? Es muß doch einen Ort für mich geben! Es muß doch etwas gesagt werden!« Diese beiden Sätze, die ich zunächst nicht verstehe, wiederholt er immer wieder. Was meinte er damit? Daß die Friedhöfe fest in christlicher Hand sind und für ihn als Atheisten kein Platz dort ist? Immer mehr höre ich etwas anderes aus diesen Sätzen: Es kann doch nicht sein, daß an meinem Lebensende nicht mehr als Sprachlosigkeit herrscht. Es muß doch so etwas wie die Lesbarkeit meines Lebens geben. Es ist ein Ruf, an dessen Beantwortung er selber nicht glaubt. Aber er ruft, und wer wollte bezweifeln, daß sich sein Glaube in diesem Ruf versteckt! Ich verspreche schließlich dem Kollegen, ihn zu beerdigen. Er ist tatsächlich nach etwa einem Jahr gestorben. Vorher habe ich ihn viermal besucht. Ich habe seine Geschichte erfahren. Ich habe mit ihm über ein christliches Verständnis vom Tod gesprochen, und wir haben eine Abmachung getroffen: ich werde ihn bei der

Beerdigung nicht nachträglich zum Christen machen, und ich werde meine eigene christliche Sprache nicht verleugnen. Es wurde eine widersprüchliche Beerdigung. Kaum einer der Teilnehmer war in der Kirche. Ich trug keinen Talar, aber wir haben Psalmen gebetet. Menschen haben sich Sprache geliehen. Sie haben sich für eine Stunde Masken des Glaubens angelegt im Beten der Psalmen und des Vaterunsers.

Überall, wo Menschen an Stellen der Verdichtung ihrer Existenz kommen, sind sie geneigt, die Sprache reiner Sagbarkeit zu überschreiten und in eine Symbolregion zu kommen, die sie weder ganz durchschauen noch ganz verantworten können. Die Sprache wird poetisch, offen und zum Tanz der Wünsche. Man sagt etwas, was in der normalen Ebene des Lebens nicht gesagt wird. Die Sprache wird religionsnahe. Man beachte etwa die Bedeutung der Übertreibung in der Sprache der Liebe. Man treibt die Sprache in den nicht auszuschreitenden Raum des Bildes: »Du bist mein langsamer Satz aus dem Cellokonzert von Dvorak! – Du bist mein Leben, meine Ewigkeit, mein Galaterbrief!« Das Bild überspringt alle Möglichkeiten. Transzendenz – Übersprung – ist sein Wesen.

Ähnliche Unsagbarkeiten finde ich in Abschiedsbriefen von zum Tode Verurteilten in der Nazizeit. Da sagen Sozialisten, Kommunisten, Humanisten ohne Bezug auf die Religion religiöse Sätze. »Morgen, wenn ich sterbe, läuten nicht die Totenglocken, sondern die Siegesglocken! ... Morgen, wenn ich sterbe, gehe ich nicht fort, ich komme zu Euch!« Die Sprache schnellt aus ihrer Begrenzung ins Land des Gelingens. So ist es in den extremen Fällen von Liebe und Tod. Es ist so bei allen Lebensschwellen, die ein Mensch zu überschreiten hat. Der Übersprung ist eine Form des Glaubens, ein Glaube auf Tage oder auf Stunden. Manchmal borgen sich Menschen für diesen Tag oder diese Stunde unsere Sprache aus. Wir sind nicht die Meister ihres Glaubens, und wir haben diesen Glauben auf Zeit zu ehren und ihm zu dienen. Eine der Aufgaben der Kirche ist es, mit ihrer Sprache, mit ihren Gesten, mit ihren Räumen und Zeiten zur Verfügung zu stehen, wenn Menschen uns brauchen. Zu Beginn des Golfkrieges wollte eine Seminargruppe von mir im Hamburger Michel eine Nachtwache mit Gebeten und Bibellesung machen. Ich fand das sehr schön und ich fürchtete, daß die jungen Menschen allein und verloren blieben in der großen Kirche. Aber die Kirche war die ganze Nacht voll. Was ist, wenn niemand mehr die Sprache hütet und sie zur Verfügung stellt für die Zeit der Not, der großen Wünsche, der Anfänge, der Höhepunkte des Lebens und seiner Beendigung?

Kann die Sprache, die nicht dauernd gesprochen wird, im Casus gehört und gesprochen werden? Zerstören wir diese Sprache damit nicht und machen wir sie nicht undeutlich? Ich habe (eine) Erfahrung mit den Menschen, die sich diese Sprache borgen für den Casus. Sie wollen, daß wir uns nicht verleugnen. Sie wollen nicht, daß wir die Sprache und die Gesten zu Tode erklären. Sie wollen in ein fremdes Haus gehen. Vielleicht ist diese Sprache überhaupt nur in ihrer Fremdheit für sie zu sprechen und zu ertragen. Sie wollen nicht, daß es ihre Sprache ist und daß sie ihnen auf den Leib zugeschnitten ist. Die Fremdheit läßt ihnen Distanz und Ambivalenz. Sie sind in einem Haus, und es schützt sie auf Zeit, aber sie sind nicht zu Hause und sie wollen dort nicht zu Hause sein. Sie spielen die Clowns der Hoffnung in einer fremden Sprache. Man kann Fremdes manchmal besser verstehen und annehmen als immer schon Verstandenes und immer schon Gewußtes. Es ist erstaunlich, was Menschen heute alles annehmen, obwohl es nie in ihrer Tradition gelegen hat. Soll man vielleicht sagen, *weil* es nie zu ihrem Traditionsbestand gehörte?

Was aber wird aus uns Christen, wenn wir das Geheimnis in die Öffentlichkeit tragen? Bleiben wir noch deutlich, oder verlieren wir Kontur – vor uns selber und vor den anderen, wenn wir die Sprache aus dem Arcanum nehmen und in die Fremde tragen? Ich vermute, je deutlicher wir selber sind als Christen, als Pfarrer und Pfarrerinnen, um so eher können wir undeutliche Gäste ertragen. Je mehr wir unsere Traditionen nicht nur kennen, sondern sie lieben gelernt haben als Geschichten der Freiheit und der Schönheit, je mehr wir sie uns angeeignet haben und wir spirituelle Menschen sind, um so mehr können wir furchtlos verteilen, was wir haben, und zeigen, wer wir sind. Je unsicherer wir sind, um so stärker üben wir uns in der Kunst der Selbstverbergung.

Der Auftritt der Kirche in der säkularen Öffentlichkeit und die Auslieferung ihrer Schätze in den uneigentlichen Raum ist ein Stück Mission. Viele unserer kirchlichen Wörter sind verdorben, vielleicht auch dieses Wort Mission. Es hat keinen Sinn, die Wörter zu verschweigen, wir müssen sie reinigen. Was ist Mission? Es ist die gewaltlose, ressentimentlose und absichtslose Werbung für die Schönheit eines Lebenskonzepts. Diese Werbung ist ressentimentlos, indem wir ohne Bekümmerung akzeptieren, daß Menschen andere Lebenswege einschlagen als die des Christentums. Für uns als Christen hat dieses Christentum eine biographische Einmaligkeit. Aber es gibt andere Wege des Geistes und andere Dialekte der Hoffnung. Mission kann man wollen, wenn man auf seine eigene Einmaligkeit verzichtet, so sehr das unseren Narzißmus kränken mag.

Die Werbung ist absichtslos. Sie geschieht nicht mit der Absicht, jemanden zur eigenen Glaubensweise zu bekehren, wohl mit der Absicht, daß auch der Fremde schön finde, was wir lieben und woran wir glauben. Wenn ich etwas liebe und wenn ich an etwas glaube, dann liegt es im Wesen dieser Liebe, daß sie öffentlich zeigt, was sie liebt. Eine sich verbergende Liebe ist auf Dauer keine Liebe. Man gibt sich selber ein Gesicht, man identifiziert sich selber und erfährt, wer man ist, indem man zeigt, wer man ist und woran man glaubt. Schon allein der Stolz läßt es nicht zu, daß man sich verborgen hält. Junge Menschen brauchen nichts dringender als dies: daß Menschen sich ihnen zeigen; daß ihr Gesicht und ihre Lebenskonturen erkennbar werden. Lehren heißt: zeigen, was man liebt. Menschen werden wahrscheinlich nicht alles lieben, was wir lieben. Aber sie lernen, daß man überhaupt etwas lieben und für etwas einstehen kann. Wir machen Jugendlichen das Angebot, sich zu identifizieren und sich kenntlich zu machen – vor sich selber und vor anderen, indem wir uns als Kenntliche zeigen. Wenn sie auf kenntliche Menschen und erkennbare Institutionen stoßen, dann können sie vielleicht auf die zwanghaften Selbstidentifizierungen verzichten, die in der Ausübung von Gewalt besteht. Gewalt und gewaltförmige Symbolik waren immer schon die Mittel von Identitätszwängen.

Die Verwendung religiöser Sprache im misssionarischen Raum darf niemals nur Vergewisserungskürzel und angedeutete Sprache sein. Alle religiöse Sprache hat einen anthropologischen Gehalt. Wenn sie gut ist, gilt sie nicht nur innerreligiös. Ihr menschheitlicher Gehalt kann aufgeschlüsselt werden. So wird ihre Hörbarkeit auch für Nichtchristen hergestellt. Ich nehme als Beispiel den Hauptbegriff unserer Tradition, das Wort Gnade. Das Wort drückt nicht nur eine Bewegung zwischen Gott und Mensch aus. Es ist zugleich das Grundprinzip humanen Lebens. Ich deute seine Anthropologie an: Die Dinge, von denen wir eigentlich leben, können wir nicht kaufen, herstellen oder verdienen, nicht die Liebe, nicht die Freundschaft, nicht die Vergebung, nicht unsere eigene Schönheit. Es gibt eine Lebensverdammnis, die in dem Zwang besteht, sich selber zu bergen, schön zu finden oder zu wärmen. Man kann fortfahren und zeigen, was Selbstrechtfertigung, also das Gegenteil von Gnade, mit Gewalt zu tun hat. Wir brauchen eine Sprache, die die alten großen Bilder und Geschichten nicht verrät oder aufgibt und die sich zugleich auslegen läßt auf die gegenwärtigen Leiden, Wünsche, Befürchtungen und Hoffnungen. Religiöse Sprache wird erst hörbar, wo sie auf die Leiden und Hoffnungen der Menschen trifft. Die Gegenwart bleibt nur dort nicht ihre eigene Rechtfertigung und ihr eigenes Gefängnis, wo dramatische Erzählungen sie in die Perspektive der Hoffnung und des Gelingens stellen. Die Hoffnung ergibt sich nicht argumentativ. Aus dem reinen Argument ergibt sich viel naheliegender, wie man an vielen Stellen sieht, die Aussichtslosigkeit. Die Hoffnung braucht Lieder, Bilder, Erzählungen. Die Kirche soll also denen, die in ihren Vorhöfen lagern, nicht mit einer großmütigen, aber inhaltslosen Geste entgegenkommen. Sie soll ihre Schätze zeigen. Sie soll stellvertretend für jene Nicht- oder Halbchristen glauben. Vielleicht glauben diese ja, indem sie dem Glauben der anderen zusehen und zuhören.

Ein Glaube in den Vorhöfen der Hoffnung. Wer wollte ihn verachten?

Ich erwarte von der Arbeit der Kirche im öffentlich-missionarischen Raum in einer Zeit verlöschender Träume, daß sie eine Art Erinnerungswerkstatt ist; eine Bildungsveranstaltung, in der an den inneren Mustern von Menschen gebaut wird, an ihren Wünschen und an ihrem Gewissen. Die Kirche hat Traditionen und heilige Texte, die die Menschen davor bewahren, in der puren Gegenwart zu ertrinken. Man kann auf doppelte Weise an Texten leiden: daran, daß man welche hat, und daran, daß man keine hat. Das erste ist das alte Leiden: Texte drängen sich an die Stelle der Wirklichkeit, und sie wollen sie beherrschen oder ersetzen. Die Zeiten sind noch nicht lange vorbei, da Menschen ihre eigenen authentischen Erfahrungen gegen die Bücher retten mußten, gegen die heiligen Texte, die die Welt definierten und gegen die die Wirklichkeit es nicht leicht hatte. Es war die Zeit der Bibeln, in denen die Menschen alles Sagbare schon aufgeschrieben vermuteten. Man mußte nur lesen und richtig interpretieren können. Man mußte nur die richtigen Texte haben, den richtigen Kanon. Alles hatte seinen Sinn, seine Stelle und seine Ordnung. Die Welt war lesbar, man mußte nur lesen können und wollen. Wer je marxistische Gruppen über die richtige Marxinterpretation hat streiten hören, weiß, daß nicht nur die religiösen Literalisten unter solchen Textzwängen standen. In allen werthaltigen Gruppen gibt es den Krieg der Texte, besser: den Krieg, den die verschiedenen Interpretationen des einen heiligen Textes gegeneinander führen.

Heilige Texte konnten also ein Gefängnis sein, in dem das Leben eingesperrt war. Es gibt ein anderes Gefängnis: daß Menschen nur noch Gefangene ihrer eigenen Herzen sind; daß sie keine Texte, keine Bilder, keine Lieder, keine Gedichte, keine Sprichwörter und keine Gruppe mehr haben, die einem die Welt aufschließen. Die Welt liegt den Menschen nicht offen zu Füßen, und die Wirklichkeit ist nicht jederzeit betretbar. Wenn man keine Führer hat, kann man sich in der Wirklichkeit nicht zurechtfinden und erkennen, was sie hat und was ihr fehlt. Texte, die man sich erwählt hat; auf die man setzt; die zum Kanon geworden sind, indem man ihnen vorrangig vertraut, öffnen die Augen für die Gegenwart. Die pure Gegenwart ist aus sich selber heraus nicht lesbar. Sie blendet und verblendet.

Aber was ist ein Kanon? Zunächst: was war der Kanon in den »Buchzeiten«, in Zeiten also, die fundierende heilige Texte hatten, die von allen angenommen waren? Der Kanon ist für eine Gruppe eine Anzahl von heiligen Texten mit höchster Verbindlichkeit und in äußerster formaler Festlegung. Zwei Momente also: einmal die Heiligkeit und die Verpflichtungskraft des Inhalts; zum anderen: die genaue Festlegung der Grenzen des heiligen Bestandes. Zum katholischen biblischen Kanon gehören z.B. die Apokryphen des Alten Testamentes, zum evangelischen gehören sie nicht. Aus dem vielfältigen Strom von Texten einer Gruppe (des Volkes Israel oder der Kirche) haben sich fundierende Texte ergeben, die dann später offiziell zu kanonischen erklärt wurden. Diesen Kanon durfte man nicht antasten, um ihn zu begrenzen oder zu erweitern.

Eine solche Auffassung von kanonischen Texten setzt eine feste Gruppe voraus mit einem relativ einheitlichen Traditionsbestand und Zeiten, in denen diese Gruppe nur wenig Veränderungen unterworfen ist. Wir leben nicht in solchen Zeiten und in einer solchen Welt. Aber wir brauchen Texte, die uns die Welt lesbar machen und die uns mit uns selbst konfrontieren. Wir haben normalerweise weder eine Gruppe noch eine Tradition, die uns den Kanon diktiert. So müssen wir ihn uns selber errichten. Man muß sich zu vorrangigen Texten entschließen. Heute sind bestimmte Texte unserer eigenen Tradition nicht wichtig, weil sie einfach kanonisch sind, sondern weil wir auf sie gesetzt haben; weil wir sie erwählt haben, wie eine Frau einen Mann wählt oder der Mann die Frau. Mir persönlich sind Jesaja, Amos, der Römerbrief, Augustinus, Franziskus und Luther besonders wichtig. Ich höre auf sie mit erstem Ohr. Es mag auch Brecht schön und wahr sein oder die Weisheit der Sufis. Aber es sind nicht die vorrangigen Texte meiner Tradition, und so haben sie weniger Verpflichtungskraft, sie sind weniger kanonisch, als mein Rö-

66

merbrief und mein Franziskus es für mich sind. Mit ihnen bin ich verheiratet, mit Brecht nicht, mit ihm flirte ich.

Wo steckt eigentlich die Wahrheit und die Weisheit eines kanonischen Textes? In alten Zeiten (lange sind sie nicht vorbei) hätte man gesagt: natürlich im Text selber. Sie schläft im Text, und sie erwacht, wenn das gläubige und aufmerksame Auge sie im Text liest. Auch in einer solchen Auffassung ist der Text nicht völlig starr. Die Auslegung ist die Brücke zwischen festgestelltem Text und der flüssigen Gegenwart. Man hat den Texten verschiedene Sinne unterstellt, um ihrer Diktatur zu entkommen. In der Geschichte haben immer wieder religiös entschiedene Menschen gemerkt, daß die Interpretation u.U. eine Umgehung des heiligen Textes sein kann. Darum waren gerade die Radikalen mißtrauisch gegen sie, und sie bestanden auf der Wörtlichkeit. Aber man glaubte in jenen alten Zeiten an die einfache Vollmacht der Wahrheit, die sich ereignet, wo ernsthaft um den Text gerungen wird. Man hielt ihn für unmittelbar inspiriert, und auf alten Bildern sieht man, wie der Heilige Geist in der Gestalt einer Taube den Evangelisten oder Propheten das Evangelium ins Ohr flüstert. Wahrheit und Text waren nicht getrennt. Wir wissen inzwischen: Die Weisheit und die Wahrheit sind nicht in das Depot eines Textes gebannt. Die Wahrheit findet statt im Gespräch, und dieses Gespräch hat verschiedene Teilnehmer. Eine Stimme ist die des alten Textes und seiner vielen Interpretationen im Laufe der Geschichte einer religiösen Gruppe. Eine andere Stimme sind wir selber mit unseren Wünschen, Hoffnungen und Befürchtungen. Ohne uns ist der Text unhörbar, ohne den Text schweigt unsere Hoffnung und unser Gewissen. Ich war im Januar 1989 in Schwerin zu einer Tagung mit Jugendpfarrern. Es gab morgens jeweils eine Andacht, und an einem Tag war ein Vers aus dem Psalm 18 der Losungstext: Mit meinem Gotte springe ich über Mauern. Der Psalmvers wurde in jener vermauerten Situation unmittelbar farbig, einleuchtend und hörbar. Er traf auf die Sehnsucht und die Hoffnung jener Menschen. Der Kontext – die Hoffnung und die Ängste jener Menschen – machte den Text hörbar. Jeder religiöse Text bleibt stumm, der nicht aus den Ängsten, dem Glück, dem Murren von Menschen gegen die Verhältnisse formuliert ist. Ein alter Satz der Befreiungstheologie: Text braucht Kontext! Religiöse Überlieferungen werden lautlos und kraftlos, wenn sie nur in innerreligiösen Räumen gelten und wenn sie nichts mit der realen Situation der Menschen zu tun haben. Die Wahrheit findet statt im Gespräch. Die Stimme unseres Lebens baut mit an der Wahrheit der Texte.

Was richtet der alte Text in uns an? Der Text borgt mir Erfahrungen. Menschen lernen nicht nur an sich selber, durch die eigenen Irrtümer, Niederlagen und Erfolge. Sie lernen auch aus fremden Erfahrungen. Sie lernen am Modell anderer Zeiten, anderer Niederlagen und anderen Gelingens. Unsere Hoffnung kommt zustande, indem wir die Realisation der Hoffnungen von anderen wahrnehmen. Ich kann noch nicht über Mauern springen, aber es hat in der Geschichte der Gruppe, zu der ich mich zähle, schon Menschen gegeben, denen es gelungen ist. Ich mache mir ihre Erfahrung so sehr zu eigen, daß ich mit dem Psalm sprechen kann: Du hast uns aus Ägypten geführt! Du hast uns durch das Wasser geführt, und du hast uns in der Wüste gesättigt! Die in den Texten gesammelten Erfahrungen erinnern mich daran, daß man Wasser und Wüsten entkommen kann. Ich berge mich in fremde Erfahrungen. Ich bin nicht allein, und ich muß nicht der vollkommene Meister meiner selber, meiner eigenen Hoffnung und Souveränität sein. Die Gruppe und ihre Texte sind immer auch eine Hoffnungsverleihanstalt, und man kann die eigene Hoffnungslosigkeit maskieren mit den fremden Geschichten. Am kräftigsten sind die Texte, wenn sie in einer Gruppe geteilt werden; wenn sie also eine Kirche im Rücken haben. Eigentlich gehören Gruppe und Text immer zusammen.

Texte leihen Lebensmut, Texte befreien mich aus dem Gefängnis der Heutigkeit. Texte bauen an den inneren Bildern von Menschen. Es ist zunächst formal geredet, wenn ich sage, daß die Fremdheit der Texte die reine Heutigkeit sprengen. Die Texte haben ja auch einen Inhalt. Wenn ich mein Evangelium oder meinen Franziskus kenne, dann bilden sie meine Seele. Ich lerne wünschen, daß das geknickte Rohr aufgerichtet werde; daß die Hungrigen Brot und die Nackten Kleider haben; daß die Sünde vergeben und daß der Tyrann gestürzt werde. Ich lerne wünschen, und ich lerne vermissen. Ich lerne das Augenlicht der Blinden zu vermissen und das Recht der Armen. Ich werde über Texten, die ich mir angeeignet habe, zu einem Menschen mit gebildeten Lebensträumen. Es gibt natürlich auch Texte der religiösen Tradition, die eher im Ungeist als im Geist bilden. Naiv kann man also keinem Text trauen. Je mehr ich mich aber einarbeite in die Tradition meiner Texte, um so mehr entlarven und reinigen sie sich gegenseitig, und ich bin ihnen nicht mehr ausgeliefert. Ich werde also meinen Franziskus mit meinem Franziskus reinigen und meine Bibel mit meiner Bibel.

Was geschieht mit einer Gesellschaft, wenn die Texte abhanden kommen und wenn keine Gruppen mehr da sind, die sie hüten? Texte sind an Gruppen gebunden. Vielleicht ist die Kirche die einzige Institution, die am Kanon arbeitet; wo also Texte gelehrt werden, die die Welt lesbar machen. Solange wir uns um Texte kümmern, sie interpretieren, empfehlen, sammeln, auswendig lernen, so lange glauben wir, daß eine Wahrheit existiert und daß sie erhoben werden kann. Texte sind Zeugen gegen den Zynismus.

Wie aber können wir, die Pfarrer, die Eltern, die Lehrerinnen die großen Erzählungen der Tradition und ihrer Texte hüten, wenn unser eigener Glaube schwankend geworden ist? Denn diese Zeit ist an uns nicht vorbeigegangen, sie nistet in unseren Herzen. Ein Erzähler lernt seine Hoffnung und seine Frömmigkeit, indem er die Geschichten der Hoffnung vor anderen ausbreitet. So ist es wohl auch bei den Pfarrern und Pfarrerinnen. Sie predigen nicht, weil sie vor Glauben glühen, sondern sie lernen den Glauben, indem sie ihn weitersagen. Die hörende Gemeinde baut an ihrer Sprachfähigkeit. Unsere hörenden Kinder bauen an unserem Glauben. Was sollte daran falsch sein? Dies kann nur dem verdächtig sein, der glaubt, jederzeit Meister seiner selbst sein zu müssen, und dem Unabhängigkeit das letzte Ideal ist.

Religion im Kinderzimmer

Kinder lernen Religion nicht zuerst und nicht hauptsächlich als Lehre, sondern als eine Art Heimatgefühl, das sie mit bestimmten Zeiten und Rhythmen, mit Orten und Ritualen verbinden. Sie lernen Religion von außen nach innen. Dies möchte ich deutlich machen an einem Text von Stefan Andres, *Der Knabe im Brunnen*, der seine moselländische katholische Welt beschreibt und davon erzählt, wie er als Kind zum ersten Male in die Kirche mitgenommen wurde. Er beschreibt, wie die Familie sich umständlich auf die Messe vorbereitete; wie sie von den Moselbergen ins Tal nach Leiwen fuhr; wie sie zunächst auf dem Friedhof die Gräber der Großeltern besuchte. Dann heißt es in der Geschichte:

An der Kirchentür hob mich der Vater zum Weihwasserkessel. Ich sah, das machte man wie zu Haus, und so bekreuzigte ich mich eifrig. ... Der Vater zog mich auf die rechte Seite, wo nur Männer waren. Vater setzte mich auf eine Bank, während er selbst sich zuerst hinkniete, das Kreuz schlug und eine Weile still verharrte. Ich sah: Die Bauern waren alle säuberlich rasiert und hatten weiße Kragen an, ihre Anzüge rochen, wie es im Kleiderschrank riecht. ... Als es schellte, knieten alle nieder, und ich konnte ... gut sehen, was da vorne vor sich ging.

»Wo ist de Herrgott?« fragte ich ziemlich laut. Katharina hatte mir gesagt, daß man in der Kirche bei Gott zu Besuch sei.

»Im Tabernakel«, flüsterte der Vater und ließ mich wissen, ich solle jetzt beten.

»Wo is denn de – ?« das Wort war mir zu schwer, und es wurde daraus etwas, darin Tabak vorkam. Der Mann rechts von mir begann zu kichern. Aber Vater wies mit dem Finger nach vorn.

»Da, wo de Pastor jetzt steht, da is de Tabernakel.« ...

Die Männer sangen. Als es schellte, knieten alle nieder und verneigten sich tief. Ich machte es ihnen nach, schlug das Kreuz und stand auf. ... Der Pastor ging am Altar hin und her. Manchmal drehte er sich schnell herum und rief etwas, so, als wollte er uns eine Frage stellen. Alle antworteten, aber wiederum verstand ich nichts. ... Der Pastor ging immer wieder hin und her, drehte sich herum und warf die Arme auseinander, wie zu Haus die Magd, wenn sie etwas nicht verstand oder nicht konnte. ... Was mich aber noch viel mehr verwunderte: er kam zwischendurch zu uns, kletterte in eine goldene Bütte, die oben an der Wand hing, las zuerst aus einem Buch und fing dann plötzlich an, mit uns zu schimpfen. Er schlug mit der Hand auf den Rand der Bütte und sagte, wir sollten uns schämen. Ich blickte ein paar Mal zu meinem Vater hin und war sehr verwundert, daß er sich ruhig ausschimpfen ließ.

So weit die Erinnerung des Kindes an den ersten Kirchgang. Das Kind versteht in jener Situation wenig. Es weiß nicht, was der Tabernakel ist. Es weiß nicht, was der Priester am Altar tut, der sich für sein Gefühl auf unsinnige Weise dreht und wendet. Es weiß nicht, was eine Predigt ist, und es vermutet den Pastor in einer Bütte statt auf der Kanzel. Aber es bekreuzigt sich, es nimmt Weihwasser, es faltet die Hände, es ist still, weil alle still sind. Es übt Religion aus, ehe es sie versteht und ehe es weiß, was es tut.

Dieser Kirchgang am Sonntag ist mit Besonderheiten verbunden, die dem Kind auffallen: die Männer sind rasiert, was sie in der Woche nicht sind. Sie tragen Kragen, die für sie ungewohnt sind. Die Männer in ihren Anzügen riechen, wie man nur sonntags riecht: feierlich und nach Mottenkugeln. Das Kind ahnt nur dunkel, was da geschieht. Aber es stößt dauernd auf Signale der Wichtigkeit dessen, was geschieht. Was eine Messe bedeutet, weiß es noch nicht, aber es weiß schon, daß man sich dafür herrichtet. Es lernt die Wichtigkeit einer Sache an Äußerlichkeiten, an den anderen Kleidern, am anderen Geruch, am anderen Benehmen. »Äußerlichkeiten« sage ich, und ich merke, daß ich ein falsches Wort gebrauche. Denn was ich mit dem oberflächlichen Begriff Äußerlichkeit bezeichne, das sind Hinweise auf den Geist einer Sache, die unentbehrlich sind. Der Geist kommt nicht mit sich selber aus. Er will inszeniert sein und zu einer liturgischen

Landschaft werden. Die Idee des Sonntags legt sich dem Kind dadurch nahe, daß es wahrnimmt, wie die Leute diesen Tag von anderen Tagen unterscheiden. Sie machen den Unterschied deutlich, indem sie anders essen, anders gekleidet sind, für anderes Zeit haben. Worte und Lehren können nie einholen und sagen, was solche Inszenierungen sagen. Sie dramatisieren die Wichtigkeit der anstehenden Sache – des Gebets, des Gottesdienstes, des Sonntags.

Religiöse Erziehung fängt also nicht erst da an, wo ein Kind etwas verstehen kann und wo man ihm mit Worten einen Inhalt erklären kann. Sie beginnt dort, wo das Kind etwas wahrnehmen kann; wo es den einen Ort vom anderen unterscheiden kann, den einen Geruch vom anderen, wo es Zeiten und ihren Wechsel wahrnehmen kann. Die Worte und das Verstehen kommen später. Zuerst ist die äußere Figur der Religion da und sind die Leute da, die das Kind schätzt und liebt und denen es anmerkt, daß ihnen etwas wichtig und heilig ist. Je mehr Figuren eine Religion hat, je mehr sie sich also an Orte, Zeiten und Gesten bindet, um so mehr ist sie als eine Erziehungslandschaft geeignet. Ich zitiere einige ironisch-neidische Verse von Goethe, die er, auf seine eigene Kindheit blickend, 1813 geschrieben hat:

> Da lebten wir Kinder Lutheraner
> Von etwas Predigt und Gesang,
> Waren aber dem Kling und Klang
> Der Katholiken nur zugetaner:
> Denn alles war doch gar zu schön,
> Bunter und lustiger anzusehen.

Es gibt ein tiefes Verstehen, das sich nicht über den Weg des Nachdenkens, der Sprache und des Arguments ereignet. Es kommt zustande über den Weg der Inszenierung und der Figurierung. Dies aber ist ein Weg für Kinder und für Erwachsene.

Wenn also ein Kind vor allen Inhalten Religion über den Weg der Aufführung lernt und wenn es über die Aufführung zu einem ersten wortlosen Verstehen von Religion kommt, dann ist es nötig, liturgische Welten für unsere Kinder zu bauen. Sie bestehen aus Zeiten, aus Orten und aus Ritualen.

Was etwa könnten bezeichnete Zeiten für Kinder bedeuten? Welten werden errichtet, indem man die Anfänge und die Beendigungen beachtet, den Anfang und das Ende des Tages, der Woche, einer Jahreszeit, des Jahres. Beachtete Zeiten fügen sich zu Rhythmen. Der Rhythmus ist figurierte Zeit. Er heilt, weil er vergewissert. Die Erfahrung und die Beachtung des wiederkehrenden Morgens sagt den Kindern – und nicht nur ihnen! –, daß die Zeit nicht zu Ende ist und daß morgen und übermorgen auch noch ein Tag sein wird. Die Erfahrung des Rhythmus befreit Menschen von panischer Letztlichkeit.

Rhythmen sind geordnete Zeiten, und Kinder brauchen geordnete Welten. Sie können äußere Ordnungen von inneren nur schwer unterscheiden. Darum werden Kinder durch äußere Ordnung – durch die Ordnung von Raum und Zeit – auch innerlich versichert. Und wiederum: nicht nur sie! Wer hat nicht schon gespürt, daß er auch innerlich ruhiger wird, wenn er endlich sein chaotisches Zimmer aufräumt. Man baut sich von außen nach innen. Auch die Lebensgewißheit und die Lebensruhe eines Kindes spielt sich ab in ordnenden Unterscheidungen. Orte werden unterschieden. Nicht jeder Ort ist gut genug für die Erzählung einer phantastischen Geschichte, vielleicht ist gerade die dritte Treppenstufe der Märchenort. Der Spielort könnte ein anderer sein als der Ort des Gesprächs oder die Höhle der Stille.

Eine Unterscheidung existiert fast nirgends mehr, die Unterscheidung zwischen Essenszeiten und Nicht-Essenszeiten. Man sieht viele Kinder fast zu allen Zeiten essen, zumindest liegt etwas zu essen herum, Schokolade, Bonbons, ein Stück Brot, angebissen und liegengelassen. Ich denke nicht nur an die gesundheitlichen Folgen des Dauerangebots an Nahrung. Kinder verlernen den Rhythmus von Essen und Nicht-Essen, sie sind fast immer satt. Das aber ist eine Entsinnlichung des Essens. Es geht schon früh der Gedanke verloren, daß essen mehr sein könnte als Nahrungsaufnahme; daß es Mahl sein könnte, geteiltes Brot und geteilte Heiterkeit.

Die erste Empfehlung für die frühe religiöse Erziehung von Kindern ist also: Baut Kindern aus Orten, Zeiten und Gesten eine bezeichnete Welt! Die zweite Empfehlung: Erzählt ihnen Geschichten! Der Mensch lernt nicht in Lehrsätzen, daß das Leben gut ist und daß man ihm trauen kann. Er lernt nicht in einer Lehre, daß das Recht siegt und daß man hoffen darf. Man lernt es in Bildern und Geschichten, die davon berichten, daß schon einmal Menschen aus Sklavenhäusern entronnen sind; daß wider alles Erwarten ein Tyrann vom Thron gestürzt wurde und daß schon einmal einer aus dem Bauch eines Walfisches gerettet wurde. Ich nehme als Beispiel die Schöpfungsgeschichte. In großartigen Bildern, die in keiner Erklärung einzufangen sind, bahnt sich in dieser Geschichte die Hoffnung einen Weg, indem erzählt wird, wie Gott das Chaos bändigte, wie er die Urflut eindämmte, wie er Land werden ließ, wie er die Tiere und schließlich die Menschen erschuf. In langsamer Dramatik entfaltete sich ein großer Satz: der Anfang war gut! Das Leben ist nicht eisigen Zufällen entsprungen, es ist ein Kind der Güte. Die Güte des Lebens erzählt man sich, indem man seinen guten Anfang besingt. In herrlich-heiteren Bildern wird Gott als der große Bildner der Erde, der Tiere, der Menschen dargestellt.

Diese Geschichte kann man nicht auf ihre Aussageabsichten reduzieren. Man kann die Hoffnung nicht umweglos und pur haben, sozusagen als enthäuteten Gedanken. Man gewinnt sie in den großen Inszenierungen. Gott sagt nicht Abrakadabra, und alles ist da. Gott arbeitet in dieser Geschichte eher wie ein alter Arbeiter: eines nach dem anderen – das Licht, die Trennung von Wasser und Land, die Tiere, der Mensch und dann die wohlverdiente Ruhe! Diese Geschichten müssen langsam daherkommen, erst dann riechen sie nach etwas. Die Hoffnung braucht Zeit.

Ich überlege, welche Geschichten wir unseren Enkelkindern erzählen. Einmal sind es die Geschichten, die uns selber gefallen. Mir bedeuten die Geschichten der franziskanischen Tradition viel. Darum erzähle ich, wie Franziskus den Wolf von Gubio, das reißende Tier, mit den Menschen der Stadt versöhnt hat. Es ist

eine phantastische Friedensgeschichte. Versteht meine fünfjähri-
ge Enkeltochter sie? Die Frage ist schief. Die Möglichkeit des in-
tellektuellen Verstehens ist nicht das Hauptkriterium für unser
Vorgehen. Die Friedensbilder werden sich zunächst noch eher
geahnt als verstanden in die Seele des Kindes senken. Aber eines
sieht das Kind schon: daß ich, der Großvater, diese Geschichte
liebe. So lernt es nicht nur die Bilder dieser Friedensgeschichte.
Es lernt auch, daß da ein vertrauter Mensch etwas liebt und mit-
teilt, was er liebt. Damit aber lernt das Kind die vielleicht wich-
tigste Nachricht: Es lernt, daß man etwas lieben kann. Lehrer
sein heißt: zeigen, was man liebt.

Die anderen Geschichten, die wir unseren Enkeln erzählen, sind
die, in die sie ihre Ängste, Zweifel und ihren noch schwachen
Lebensmut bergen können. Zum Bild- und Liedschatz unserer
Kinder gehörte lange die biblische Erzählung von David und
Goliath. Es ist eine herrlich-farbige Geschichte vom großen Ko-
loß, der vom kleinen, kaum bewaffneten David gestürzt wird. Es
ist eine Geschichte, die dem Kind eine alte Hoffnung erzählt:
Das Kleine bleibt klein nicht und groß nicht das Große.

Andere Geschichten brauchen Kinder: Abschieds- und Heim-
kehrgeschichten wie die von Josef und seinen Brüdern; Bedro-
hungs- und Entrinnensgeschichten wie die von Mose im Schilf-
körbchen. Harte und lebensgefährliche Geschichten brauchen
sie, wie die vom Sturm auf dem See und der Angst der Jünger
Jesu. Solche Geschichten dramatisieren die Lebensangst der Kinder und beschwichtigen sie auf dem Weg der Dramatisierung.
Die in den Erzählungen gestalteten Ängste erst sind überwind-
bare Ängste.

Ich erzähle also Geschichten, die ich liebe; ich erzähle Geschichten, die die Kinder in ihrer besonderen Lebenslage brauchen; und ich erzähle Geschichten, die zentral sind für die religiöse Tradition. Ein Lehrer muß auch die Fähigkeit haben, vom
Kind abzusehen und es in eine Welt einzuführen, die ihm fremd
ist. Die Zentralgeschichten der christlichen Tradition sind die,
die hauptsächlich um die Themen Gnade und Gerechtigkeit
spielen. Die Gnadengeschichten sind die aufrührerischsten und

frechsten Geschichten, die diese Tradition kennt. Es kommt nur darauf an, daß man sie nicht als Unterwerfungsgeschichten erzählt. Zu diesem Erzählschatz gehört die Geschichte vom verlorenen Sohn; die Geschichte von dem einen Schaf, das verloren geht und das den 99 Nie-Verlorenen vorgezogen wird; die Geschichten von Jesu Umgang mit Zöllnern und Sünderinnen.

Zu schade wären mir meine Enkelkinder für die sogenannten kindgerechten Geschichten, in kindgerechter Sprache erzählt. Es gibt religiöse Kinderbücher, die nur kastrierte Geschichten erzählen, aus denen alle Angst, aller Zorn, alle Niederlagen und Zerstörungen entfernt sind. In ihnen hat jeder Vogel sein Nest, jedes Kind seine herrlichen Eltern, dazu gibt es noch einen ungemein gemütlichen Gott. Kinder werden mit solchen Geschichten beleidigt, weil ihnen nichts zugemutet wird und weil sie um die Wahrheit des Lebens betrogen werden. Es ist, als ob man Hänsel und Gretel nur als Sonntagsausflug beschriebe, ohne Hunger und Not der Eltern, ohne Verstoßung der Kinder, ohne den gefährlichen Weg und ohne Bedrohung durch die Hexe. Das Leben ist auch für die Kinder nicht einfach, und eine Befreiungs- und Gelingensgeschichte hat ihre Kraft und ihre authentische Farbe nur, wenn die Bedrohung nicht verschwiegen wird. Man kann Kinder nicht schonen durch vorgetäuschte Welten, denn das Leben schont sie nicht. Jemanden vor der Wirklichkeit verschonen heißt immer: ihn nicht ernst nehmen.

Betrug aus Mitleid ist auch meistens das, was man kindgerechte Sprache nennt. Man soll sich als Erzähler in seiner Sprache selber ernst nehmen. Natürlich soll die Sprache einfach sein, aber nicht nur, wenn man mit Kindern redet. Man soll ohne komplizierte Verschachtelungen und ohne unnötige Abstraktionen auskommen. Das aber muß keine Sondersprache für Kinder sein. Es mag schon sein, daß das Kind das eine oder das andere aus der Erzählung nicht versteht. Es wird dann auf seine Weise ergänzen, was ihm fehlt. Kinder, die einem Erzähler zuhören, sind nie nur passive Zuhörer und Übernehmer eines Inhalts. Sie werden zu Koautoren der Geschichte. Das Ohr zersetzt die objektiven Gehalte einer Geschichte und hört sie immer auch so, wie es sie braucht. Das Ohr baut im Hören an der Welt, und darum ist niemand, der zuhört, nur passiv. Es geht also nicht hauptsächlich darum, daß einer genau versteht, was erzählt wird. Im Erzählen wird ein Raum eröffnet, den ein Mensch mit seinen Wünschen und Ängsten betreten und in dem er umhergehen kann, wie er es braucht. Vielleicht ist die Fremdheit dieses Raumes eine seiner wichtigsten Eigenschaften. Anders ausgedrückt: eine gute Geschichte hat immer etwas Fremdes und etwas nie ganz Verstehbares. Sie ist also nicht so mund- und kindgerecht, daß sie eingeht wie Kartoffelbrei. Es gibt eine Zerstörung der Intelligenz und der Neugier der Kinder durch Unterforderung; dadurch also, daß ihnen nur zugestanden wird, was sie unmittelbar aufnehmen, verstehen und adaptieren können. Die alte Gefahr bestand darin, daß man die Kinder rücksichtslos in die Erwachsenenwelt mit ihrer Sprache und mit ihren Inhalten stieß. Die neue Gefahr ist die Tötung der Neugier durch eine Überpädagogik.

Der unerwartete Preis der Freiheit

Der römische Dichter Ovid erzählt in den *Metamorphosen*, seinem Buch der Verwandlungen, die Geschichte von Philemon und Baucis, jenem Ehepaar, das als einziges den müden Wanderern Zeus und Hermon Gastfreundschaft gewährte. Dafür wurden sie von der Flut verschont, die über die ungastlichen Bewohner des Landes verhängt wurde. Sie baten die Götter darum, im gleichen Augenblick sterben zu dürfen. Nach einem langen Leben starben sie nicht, sie wurden von den Göttern in eine Eiche und eine Linde verwandelt, und so blieben sie, lebendig und verwandelt, beieinander. In Nachdichtungen dieses Stoffes werden die beiden Bäume ein beliebter Ort für Stelldicheine und Liebesszenen. Im zweiten Teil von Goethes Faust ist der Name des Paares das Symbol einer alt gewordenen Liebe.

Gibt es sie noch, Philemon und Baucis, die Liebe und die Gemeinschaft in vielen Jahren, in der zwei Menschen wie alte Bäume nebeneinander stehen? Nein, sagt uns eine Reihe von Soziologen und Psychologen. Diese Form langer Gemeinsamkeit, die nur der Tod scheidet, mag es gegeben haben, als die Lebenszeit der Menschen sowieso kurz war; als das Leben der Menschen noch karg und ihre Wünsche noch bescheiden waren; als noch starke Traditionen die Verhältnisse regelten und man gezwungen war, beieinander zu bleiben; als das Leben der Menschen noch wenig Freiheit und Spiel hatte.

Nein, sagt uns der Zeitgeist. Eine Liebe reicht nicht fürs Leben. Diese lebenslängliche Ehe ist ein Gefängnis, in dem alle Liebe stirbt; in dem Zuneigung, Hoffnung und Trost erstickt werden. Ich fange an, an dieser Beziehungsanthropologie zu zweifeln, für die einzig feststeht, daß alles im Fluß ist und daß man Langfristigkeiten, Dauer und eine Gebundenheit, die nicht ein Gefängnis ist, nicht mehr denken kann. Ich will hier in fröhlicher Einseitigkeit die Kurzfristigkeitsphilosophie angreifen, die der Zeitgeist empfiehlt. Möge jener Geist mir verzeihen. Jeder weiß, daß er nachtragend ist und jeden Zweifel erlaubt außer dem an sich selber. Zur Vermeidung von Mißverständnissen will ich dieses vorausschicken: Ich kenne keinen Gott und keine Natur, die die Ehe oder die Heterosexualität als alleinige Lebensformen vorschreiben. Aber ich kenne einige Gesetze der Liebe, und von denen will ich reden.

Mein erstes Gebot: Du sollst die Ekstase nicht vergötzen!

Es ist gefährlich, die Liebe und die Qualität einer Beziehung allein an ihrer Ekstase zu messen. Der Zeitgeist befiehlt zwar: Sei jederzeit auf der Spitze deiner Gefühle! Denn du bist nur, wo du dich fühlst. Du bist nur in deiner eigenen Unmittelbarkeit lebendig, darum wolle sie und verfolge sie und verlasse den Ort, an dem du sie nicht mehr findest! So entsteht eine Erfülltheitssehnsucht, ein Unmittelbarkeitsdiktat, das die Langfristigkeit der Liebe verhindert. Liebe hat ihren Ort nicht nur in der Ekstase. Ich sage es besser so: Ekstase ist übersetzbar in Gewöhnlichkeit, Unscheinbarkeit und Alltag. Auch wenn zwei zusammen spülen, ist es ein Liebesspiel – sozusagen ein Liebesspül. Auch wenn zwei sich abmühen, einander zu ertragen, ist es eine Lesart der Ekstase. Auch wenn einer für die andere kocht, ist es eine Übersetzung des Satzes aus dem Hohen Lied: Seine Wangen sind wie Balsambeete, in denen Gewürzkräuter wachsen. Die Liebe muß es lernen, die einfachen Dinge zu achten: das Essen, die Arbeit, die Tränen, die gemeinsamen Bücher und – wie gesagt – das Spülen. Es gibt eine Ekstase, die nicht nur im erfüllten Augenblick besteht, sondern in der Köstlichkeit der langen Zeit und im Schwarzbrot des Alltags. Ein auf seinen Tod zugehender Schwerkranker hat mir einmal gesagt: Wir haben in unserer Ehe die einfachen Dinge zu wenig beachtet, die wir miteinander hatten. Wir haben den gewöhnlichen Ablauf unserer Tage zu wenig geehrt.

Mein zweites Gebot: Du sollst dich Ganzheitszwängen nicht unter-werfen!

Es gibt ein Leiden, das durch überhöhte Erwartungen entsteht; die Erwartung, daß die eigene Ehe vollkommen sei; daß die Partnerin einen vollkommen erfülle; daß ich im Beruf völlig aufgehe; daß die Erziehung der Kinder vollkommen gelingt. So ist das Leben nicht! Die meisten Lieben gelingen halb; man ist meistens nur ein halb guter Vater, eine halb gute Lehrerin, ein halb glücklicher Mensch. Und das ist viel! Es gab den alten To-talitätsterror, der befahl, vollkommen zu sein wie der Vater im Himmel. Es gibt ihn neu! Gegen den neuen Terror möchte ich die gelungene Halbheit loben. Die Süße und die Schönheit des Lebens liegen nicht im vollkommenen Gelingen und in der Ganzheit. Schön, wenn wir gelegentlich mit unserer Liebe, mit der Freundschaft, mit unseren Lebensoptionen bis in die Nähe der Ganzheit kommen. Schön, wenn wir nicht im Zynismus und im Verrat der Wünsche ersticken! Aber das Leben ist endlich, nicht nur in dem Sinn, daß wir sterben müssen. Die Endlichkeit liegt im Leben selber: im begrenzten Glück, im begrenzten Ge-lingen, in der begrenzten Ausgefülltheit. Die große Leidenschaft kann sich auch im halben Herzen verstecken. Ich vermute, daß die Ganzheitszwänge zusammenhängen mit dem Schwinden des Glaubens an Gott. Die Suche nach der ganzen Liebe ist der Glaube der säkularen Gegenwart, »der Fundamentalismus der Moderne«, sagt Ulrich Beck. Wer an Gott glaubt, braucht nicht Gott zu sein und Gott zu spielen. Wo dieser Glaube zerbricht, da ist dem Menschen die nicht zu tragende Last der Verantwortung für die eigene Ganzheit auferlegt. »Es muß doch mehr als alles geben!« ist der Titel eines Kinderbuchs. Mehr als die Totalität sind die kleinen Schritte, das halbe Herz, wo das ganze noch nicht zu haben ist. Es ist nicht versprochen, daß Menschen ein-ander den Himmel auf Erden bereiten. Aber man kann sich Brot sein, manchmal Schwarzbrot und manchmal Weißbrot. Man kann sich Wasser sein, und gelegentlich Wein. Und die schwer zu glaubende Erfahrung zumindest von einigen alten Paaren: je älter man miteinander wird, um so mehr wird das Wasser zu Wein. Philemon und Baucis sind schon einmal gesichtet worden.

Mein drittes Gebot: Du sollst nicht knauserig in deiner Beziehung sein!

Es gibt Begriffe in der neuen Lebensformendebatte, die ich vom Geist der Kaufmannschaft geprägt finde. Die Worte Verhandlungsmoral und Selbsterfüllung zähle ich dazu. Da sitzen die kleinen Ehekerlchen und berechnen und zählen sich auf, was sie haben; was sie auszugeben bereit sind, und was nicht. Vom ersten Kuß an kalkulieren sie den möglichen schmerzlosen Ausgang aus der Beziehung. Da haben sie notiert, wie oft wer schon die Küche gemacht, eingekauft und das Bad sauber gemacht hat. Jeder sitzt auf seiner Ehepfründe und bewacht seine Rechte, und der Ehefrieden ist ein Tauschgeschäft. Zwar ist den Frauen nicht zu verdenken, wenn sie ihre Männer gelegentlich an den Putzeimer und in die Küche treiben. Aber die Berechnung als Grundlage einer Beziehung ist zerstörerisch; nicht nur zerstörerisch, die Schönheit ist in dieser Haltung gestorben. Dagegen nenne ich ein altes Wort und eine alte Sache: die Großmut. Merkwürdigerweise heißt es *die* Großmut, während es *der* Hochmut, *der* Mißmut und *der* Kleinmut heißt. Wie schön ist die Großmut, die nicht aufzählt und die keine Angst hat, sich selber zu verlieren – immer vorausgesetzt, sie wird nicht *einem* Liebespartner zudiktiert, denn es gibt Tugenden, in denen man nur gemeinsam bewandert sein kann. Die Alten hatten schöne Wörter für diese Großmut: Largitas – die Lebensbreite; magnanimitas – die geistige Weite. Der Geist der Buchhaltung macht die Großmut zu einer Asylantin in unserem Land.

Mein viertes Gebot: Du sollst Deine Unabhängigkeit nicht vergötzen!

Das Wort Abhängigkeit darf man in Zeiten eines rasenden Individualismus eigentlich nicht mehr in den Mund nehmen. Unabhängigkeit als Ideal ist die Selbstverdammung zur eigenen Dürftigkeit. Ich muß mein eigener Lebensmeister sein, und mehr als mich selber ist nicht zu haben. Ich muß mein eigener Kraftspender, Lehrer und Tröster sein. Ich muß der Bäcker meiner eigenen Lebensbrote sein. Es gibt zwei Lebensschönheiten, die eine: ich selber sein zu dürfen; die andere: nicht nur ich selber sein zu müssen, sondern von der Kraft, dem Trost und dem Reichtum der anderen zu leben. Es ist mehr Spiel im Leben und weniger Zwang, wenn man nicht der dauernde Meister seiner selbst und der Erfinder der eigenen Schönheit sein muß; wenn man sich in der Gnade eines anderen Menschen tummeln kann. Es ist schön und lebenserleichternd, angewiesen zu sein. Es steckt ein Stück Gewaltfreiheit darin, nicht nur auf sich selber zu setzen. Wenn ich mir nur mich gönne und nicht mehr, dann werte ich zugleich das andere Leben und den anderen Reichtum ab. Ich betone mich und nehme allem anderen den Akzent und die Wichtigkeit. Es ist eine schwere Kunst, bedürftig zu sein und sich trösten zu lassen, die Kunst der Passivität. Viel Erwachsenheit gehört zu ihr, vielleicht auch viele Lebensniederlagen; vielleicht auch große Wünsche an das Leben, die einen lehren, daß man sich selber nicht genug ist; die einen ein einfaches und schönes Wort lehren: Ich brauche Dich! In deinen Augen bin ich schön.

Mein fünftes Gebot: Du sollst die Liebe nicht zu deinem Privatding machen!

Ich erzähle von einem Gespräch, das Studierende der Theologie mit ihrer Kirchenleitung hatten. Es ging um die Weise, in der sie ihre Beziehungen lebten. Eine Gruppe beschwerte sich darüber, daß man sie vor der Übernahme eines Pfarramtes zwänge, zu heiraten und ihre Verhältnisse zu formalisieren, wie sie es nannten. Sie sagten: Unsere Sexualität und unsere Beziehungen sind unsere Privatsache und gehen keinen etwas an. Zugleich war da eine Gruppe von gleichgeschlechtlich lebenden Studierenden.

Diese fragten die Kirchenleitung, warum sie ihnen die Öffentlichkeit ihrer Lebensweise verweigere. Ich habe die eindringliche Frage einer Studentin im Ohr: »Warum wollen Sie meine Liebe nicht segnen, Herr Bischof? Warum darf ich mich nicht öffentlich zeigen?« Zwei sich widersprechende Wünsche: Die einen wollen die Öffentlichkeit, die ihnen verweigert wird. Die anderen verlangen die Privatheit und verweigern jede Einsicht in ihre Liebe. Meine ganze Sympathie ist beim Wunsch der Schwulen und Lesben. Sie haben eines verstanden: daß man auf Dauer nur der ist, der sich zeigen und darstellen darf. Indem man gesehen und gehört wird; indem man öffentlich wird, bekommt man Gesicht. Menschen können nicht auf Dauer für sich allein existieren und sich zugleich deutlich sein. Indem Liebende sichtbar werden, indem sie sich als Liebende zeigen und Zeugen suchen, bekommen sie Gesicht.

Ich bringe ein politisches Beispiel aus dem Vietnamkrieg für die Kraft solcher Zeugenschaft. Bei den Aktionen der Friedensbewegung in den Vereinigten Staaten, etwa bei der Besetzung einer Waffenfabrik, gab es zwei Gruppen. Die einen drangen in die Fabrik ein und gefährdeten sich damit unmittelbar. Eine andere Gruppe blieb draußen und beobachtete die Vorgänge. Es ging einmal darum, mögliche polizeiliche Übergriffe zu notieren. Aber die Gruppe draußen hatte in der Spiritualität jener Friedensleute noch eine andere Bedeutung. Sie stärkte die sich gefährdende Gruppe, indem vor ihren Augen geschah, was geschah. Sie waren ihre Zeugen wie die Trauzeugen bei der Hochzeit. Die Gruppe als Öffentlichkeit wurde Zeuge der Absichten dieser Menschen, und so wurden ihre Absichten stark. In die Öffentlichkeit mit seinen Wünschen und Ängsten gehen – das ist die große Inszenierung der Hoffnung, die laut nach außen ruft, was sie erwartet. Darum plädiere ich für die öffentliche Segnung und Trauung aller, die sich lieben. Das sage ich im Interesse der Schwulen und Lesben. Ich sage es gegen Kirchenleitungen, die beide Augen zudrücken, so lange sie die gleichgeschlechtliche Praxis von Menschen nicht öffentlich zur Kenntnis nehmen müssen. Ich sage es aber auch gegen die Individualisten, die die

Trauung ablehnen und die auf der vollkommenen Privatheit ihrer Beziehungen bestehen. Natürlich leben wir nicht mehr in alten Zeiten, in denen Menschen nur dann zusammenkommen und zusammenleben, wenn sie miteinander verheiratet sind. Wir leben in weniger konturierten Zeiten, in denen mit dem Experiment, der Erprobung, der langsameren Deutlichkeit einer Beziehung zu rechnen ist. Aber man muß zugleich davor warnen, daß man auch in der Undeutlichkeit und der reinen Privatheit ersticken kann.

Mein sechstes Gebot: Ihr sollt euch nicht in euch selbst erschöpfen!

Die katholische Ehelehre behauptet, eine Ehe käme nicht zustande, wenn das Paar keine Kinder wolle. Das mag biologistisch sein, aber es ist zugleich eine Art verdrehter Weisheit. Man kann auf Dauer nur zusammenleben, wenn man mehr will als sich selber; wenn man mehr Lebensabsichten hat als die selbstgenügsame Zweisamkeit. Es brauchen nicht nur leibliche Kinder zu sein. Man kann Lebensphantasien und Optionen teilen, man kann Projekte und Arbeiten adoptieren und natürlich fremde Kinder. Wenn Menschen, die sich lieben, keinen anderen Blick haben als den in die eigenen Augen, dann verkommen sie.
Mit sich allein sind die Liebenden immer in schlechter Gesellschaft. Wir kennen die trostlose Komik einer Ehe, in der zwei sich immer ähnlicher werden, weil sie nur sich selber kennen. Sie werden sich gleich wie zwei Möpse. So ist der eine nicht mehr die Ergänzung des anderen, sondern seine Verdoppelung. Ein Haus ist erst dann ein Haus, wenn viele darin wohnen, essen, lachen und weinen. Das gilt auch für das Ehehaus.

Mein siebtes Gebot: Ihr sollt den Respekt voreinander nicht verlieren!

Ich will von zwei anderen Arten des Respekts reden, die sich nicht so ohne weiteres nahelegen: der Respekt vor dem intimen

Anderen und der Respekt vor dem Feind. Der intime Andere, damit meine ich die Menschen, mit denen man täglich umgeht; die Hausgenossen, mit denen man vertraut ist und die man liebt: die eigene Frau oder der eigene Mann, die Kinder und die Freunde, mit denen man alltäglich umgeht. Genügt es denn nicht, daß ich diese liebe und ihnen nahe bin? Wozu Respekt, und was könnte hier Respekt bedeuten? Gerade wenn man sich liebt, glaubt man keine Grenzen zu brauchen, und man tendiert dazu, immer stärker symbiotisch ineinanderzufließen. Was dein ist, ist auch mein, sagt man; oder: Wir haben keine Geheimnisse voreinander. Respekt vor einem Menschen haben heißt: zugeben, daß auch der Nahe ein anderer ist; daß er sein Geheimnis hat und dies bewahren darf; daß er nicht erobert werden und in blanker Offenheit vor einem liegen soll. Und so wird, wer Respekt kennt, nicht in die Freundschaften des anderen eindringen, wenn er nicht eingeladen wird; er wird seine Post und sein Tagebuch nicht lesen, auch nicht das der Kinder; er wird nicht alles vom anderen wissen wollen. Er respektiert Grenzen. Langfristige Lebensverhältnisse brauchen Distanz. Nicht nur Intimität und Nähe sind hohe Güter, ebenso wichtig sind Grenzen, die man respektiert und nicht überschreitet.

Der Respekt in intimen Verhältnissen zeigt sich in der Form. Es gibt auf Dauer keine Intimität ohne Struktur, Form und Ritual. Zunächst liebe ich Respektrituale, weil sie schön sind. Ich habe ein altes Ehepaar vor Augen, das schon lange zusammenlebt. Mich bewegt die Höflichkeit der alten Leute zueinander; ihr »bitte« und »danke«, wenn sie sich bei Tisch etwas reichen; wie der Mann der Frau in den Mantel hilft, ihr den Stuhl zurechtrückt und sich nicht eher setzt, bevor sie Platz genommen hat. Ebenso schön ist die Höflichkeit der Eltern gegenüber ihren Kindern und der Lehrer gegenüber ihren Schülern. Es ist schon wahr: Jede Liebe hat etwas Anarchistisches und durchbricht Formen. Es ist aber auch wahr, daß die Langfristigkeit und die Alltäglichkeit der Zuneigung durch Formen geschützt wird. Es zählt nicht nur die innere Überzeugung, die Herzensnähe und die Unmittelbarkeit der Verhältnisse. Die Innerlichkeit der Menschen, ihre Zuneigung und Nähe zueinander wird blaß, wenn sie nicht ihr Spiel der Höflichkeit und der Achtung findet. Das Herz muß seine Poesie in der Figur und in der Form finden. Der Mensch ist nicht nur Innerlichkeit, er ist auch Leib. Der Leib aber muß in den Formen das Spiel der Zuneigung und der Zugehörigkeit mitspielen.

Die Form wird gerade in den Ambivalenzen der Nähe und in ihrer langfristigen Gewöhnlichkeit wichtig. Wenn die Zuneigung bedroht ist und in Zeiten, da Menschen es schwer miteinander haben, ist die Form oft klüger als das Herz; ist die Höflichkeit wahrer und hoffnungsvoller als die innere Augenblicklichkeit des Menschen. Schlimm ist es, wenn man in Zeiten der Dürre nicht mehr hat als die eigene Unmittelbarkeit; wenn man nicht an Formen gearbeitet hat, die Menschen hinüberretten in das Land der Versöhnung. In der Form ist man sich selber voraus, und man spielt schon den Versöhnten, der man morgen vielleicht erst sein wird. Die Formen sind wie Masken des Gelingens, die dieses vorspielen, wo es noch nicht ist. Jeder weiß natürlich, daß Formen die pure Verlogenheit sein können, die nichts mehr vorspielen, sondern nur noch vorgaukeln, was nicht da ist. Aber es gibt eine andere Täuschung, das ist das Zutrauen zum Augenblick und die Heiligsprechung der Unmittelbarkeit. Die augenblicklichen Stimmungen und Gefühle sind zwiespältig. Der Mensch ist mehr als sein Augenblick. Er ist auch sein Gestern, als seine Liebe noch groß war. Er ist auch sein Morgen, wo sie vielleicht wieder wachsen wird. Daran erinnert ihn die Form der Höflichkeit und des Respekts. Sie sind nicht nur Äußerlichkeiten, sie sind die in die Geste geflossene Langfristigkeit des Menschen. Ohne sie werden unsere Beziehungen und unsere Wahrnehmungen zusammenhanglos und zufällig. Die Form holt uns ans Tageslicht, und wir werden gerettet vor dem Zwielicht des reinen Augenblicks.

Kann man vor Feinden Respekt haben, und was ist dazu notwendig? Zunächst einmal: es gibt Feindschaften in unserem Leben. Es ist ein Trug zu meinen, es stände jederzeit in unserer Kraft, ihnen zu entkommen. Es gibt sie in der Ehe, es gibt sie zwischen Eltern und Kindern, zwischen Nachbarn und Kollegen. Und wenn sie bestehen, brauchen sie ihre Zeit. Wunden heilen langsam, und langsam nur kommen Menschen dazu, ihre Schuld voreinander einzusehen und zu ihr zu stehen. Auch der Zorn und die Wut brauchen ihre Zeit, denn auch sie sind menschliche Fähigkeiten. Wenn man sich auch noch nicht versöhnen kann, so kann man doch in den meisten Fällen Respekt voreinander haben. Man braucht den Feind nicht zu lieben, man kann es auch nicht. Dies zu wissen ist eine Entlastung. Aber Respekt könnte man haben. Das christliche Gebot der Feindesliebe kann ja nichts Unmögliches bedeuten. Es kann nicht bedeuten, daß man in seinen Gefühlen dem nahe ist, der einen gekränkt und verletzt hat oder den man selber verletzt hat. Wir sind keineswegs immer Herr im eigenen inneren Haus, auch nicht Herr über die Nähe oder die Entfernung, die wir zu Menschen haben. Aber wir brauchten in der Kälte und in der Feindschaft den Respekt voreinander nicht aufzugeben, so viel Herr ist man schon über sich selber, jedenfalls meistens.

Was heißt dieser Respekt, diese kühle Art der Feindesliebe? In der Bergpredigt hat Jesus in poetischer Übertreibung vom Verhältnis zum Feind gesprochen: Ihr sollt dem Bösen nicht widerstehen. – Wer dich auf den rechten Backen schlägt, dem biete auch den anderen dar! – Wer dir den Rock nehmen will, dem lasse auch den Mantel! – Wer dich nötigt, eine Meile weit zu gehen, mit dem gehe zwei!

In der dramatischen Form der Übertreibung wird hier ein Moment des Respekts vor dem Feind ausgedrückt: der Gewaltverzicht. Du mußt dem Feind nicht Freund sein, aber du könntest darauf verzichten, ihm zu schaden. Dieser Gewaltverzicht ist nicht einfach die Erduldung der Feindschaft, die dem Feind den Triumph läßt. Sie ist die Unterbrechung der Feindschaft; die Unterbrechung des Spielchens, das jeder kennt und jeder versteht: daß man den schmäht, von dem man geschmäht wird; daß man dem schadet, der einem geschadet hat. Kaum etwas verblüfft mehr, als wenn man aus dem gewohnten Spiel der Rache aussteigt.

Während einer Demonstration wurde Martin Luther King in Chicago von einem Stein getroffen. Er war zunächst voller Wut auf den jungen Mann, der den Stein geworfen hatte. Dann ging er auf ihn zu und sprach mit ihm; fragte ihn, woher er käme, wo er arbeitete und was ihn bedrückte. Er spielte das gewohnte und allen verständliche Spiel »wie du mir, so ich dir« nicht mit. Und dies ist eine Form des Respekts – des Respekts des schwarzen Bürgerrechtlers zunächst vor sich selber. Er erlaubte sich das große Nein zum Rachespielchen. Er gestattete sich die Würde, sich nicht unter die Spielregeln zu beugen und dem Racheautomatismus zu verfallen. Er erlaubte sich die Ordnungswidrigkeit der anderen Antwort auf die Feindschaft als der erwarteten. So starb die Feindschaft, der die Nahrung der Rache vorenthalten wurde.

Dies ist ein großes Beispiel des Lebensgewinnes. Oft entmutigen die großen Beispiele aus heroischen Situationen uns kleine Leute. Nehmen wir als anderen Fall die zwei Menschen, deren Ehe zu zerbrechen droht und die in der Gefahr sind, in der gemeinsamen Kälte zu erstarren. Was sollen sie tun, und wie können sie den Respekt vor sich selber und voreinander bewahren? Ich komme zunächst wieder auf die Form, die uns hilft in der Intimität der Liebe wie in der Intimität des Hasses. Die Form rettet uns vor uns selber, sie unterbricht die Geläufigkeiten, in die man sich hineingesteigert hat. Das Verhalten von einander feindlich Gesinnten gleicht oft einer Schlittenfahrt auf ausgefahrener Bahn. Die Menschen können nicht mehr steuern, ihr Verhalten läuft ab, wie der Schlitten seine Bahn immer wieder fährt. Die Form könnte, wenn die Feindschaft nicht zu groß ist, die Glattheit verhindern, in der Menschen in ihren eigenen Abläufen verfallen sind. Die Form schafft Distanz, Distanz auch zu dem eigenen Haß.

Wichtiger noch als in den Situationen der Nähe ist hier die Form der Höflichkeit und der Achtung. Entscheidend scheint mir im Zustand der Lebenskälte zu sein, ob man zumindest Momente einer Gesprächskultur retten kann. Die eine Gefahr ist, daß man völlig in Stummheit erstarrt und daß alle Sprache vereist ist. Die andere Gefahr ist, daß man in einen kommunikativen Dauerclinch verfällt und sich jederzeit auf der Zunge hat. Mit der Sprache des Dauerclinchs kann man nichts mehr regeln und keine Welt mehr gewinnen. Man wiederholt sich nur selber und befestigt das Unglück in der Wiederholung. Die Sprache besteht nur noch aus Abläufen, und sie gleicht durchdrehenden und heißlaufenden Rädern. Wenn der Haß noch nicht zu tief ist, könnte man Regeln und Formen finden, die dies verhindern. Man könnte für das Gespräch Abmachungen treffen, etwa wann, wo und wie lange man miteinander spricht und damit der Gefahr der Stummheit und der Gefahr der Dauerberedung entkommen. Jeder muß sich darauf verlassen können, daß die Abmachungen eingehalten werden. Der verläßliche Gegner ist schon ein halber Freund. Wie in der Liebe, so muß man auch in der Feindschaft Distanz halten können. Vielleicht werden die Verhältnisse dann nicht ohne weiteres gerettet, aber sie werden menschlicher, und man muß den Respekt vor sich selber und vor dem anderen über der Feindschaft nicht verlieren.

Zur Überwindung der Feindschaft gehört der Mut, sie nicht zu verleugnen. Es gibt derzeit einen Souveränitätszwang, der mir problematisch scheint. Ich denke an ein junges Paar, das sich getrennt hat, aber in der Trennung sich geschworen hat, die Freundschaft zueinander nicht zu verlieren. So besuchen sie sich sehr bald, in die Freundschaft werden die neuen Partner einbezogen, die bald auf der Bildfläche erscheinen. Es wird gar ein religiöses Trennungsritual gefeiert, das die beiden miteinander und mit ihrer Vergangenheit versöhnen soll. Der Anspruch eines solchen Paares ist groß, vielleicht zu groß? Wenn sich früher ein verlobtes Paar getrennt hat, hat man sich in einer großen und manchmal etwas lächerlichen Geste die Geschenke zurückgeschickt, man hat die Freunde sortiert und sich nicht mehr gegrüßt. Nicht nur die Menschen wurden geschieden, man hat auch die Welten, in denen diese Menschen lebten, geschieden. Man war konsequent bis zur Komik. Könnte es auch eine Verneinung der realen Getrenntheit bis zur Komik geben? Alles, was wichtig ist im Leben, braucht Zeit, nicht nur die Liebe, auch die

Feindschaft. Distanz zu halten ist manchmal gnädiger, menschlicher als die zwanghafte Verleugnung der Situation. Vielleicht stammen solche Zwänge aus der Unfähigkeit, sich Niederlagen und Scheitern einzugestehen. Wo man jederzeit selber Garant der Lebensganzheit und des Lebenssinnes sein muß, da müssen selbst die großen Einbrüche noch in Gelassenheit hingenommen werden. Aber die Welten werden falsch und unerträglich. Erst wo man weiß, daß man nicht selber Grund des Lebens sein muß, kann man sich die eigene Gebrochenheit, die Irrtümer und die Schuld eingestehen. Erst das Eingeständnis der eigenen Endlichkeit und Zerbrechlichkeit macht uns zu geschwisterlichen Menschen; zu Menschen, denen es in Geduld gelingt, so miteinander umzugehen, daß keiner den anderen verachtet. Daß mir ein anderer nicht als verächtlich erscheint, das heißt Respekt vor ihm haben.

Wir leben in anderen Zeiten. In der alten Dorfehe kannte das Paar nur wenige Menschen näher, es waren meistens Verwandte. Auch Freundschaften existierten, wenn es sie überhaupt gab, innerhalb der Verwandtschaft. Das ist anders geworden: Die Partner leben in vielfältigen Beziehungen, sie haben oft verschiedene Berufe, damit Lebenswelten, die sich nur zum Teil überschneiden. Man muß sich nicht mehr alles sein. Das ist eine Entlastung und eine Bereicherung der Ehe. Allerdings steht damit die alte Ausschließlichkeit auf dem Spiel, auch die alte sexuelle Ausschließlichkeit, sofern es sie je gegeben hat. Das heißt mehr Lebendigkeit, nicht unter allen Umständen, aber vielleicht. Es heißt sicher mehr Schmerzen, mehr Verwirrung und mehr Schutzlosigkeit. Man kann den Wunden nicht entgehen, wenn man leben will. Wenn wir nur an unsere Kinder denken! Wir sind nicht dazu da, uns selbst zu erfüllen. Und die Ehe ist doch wohl die Form, die unsere Kinder am meisten behütet.

Die Christen streiten auf Kirchentagen, auf Synoden und in Presbyterien über die neuen Formen des Zusammenlebens. Für die säkulare Welt ist dies kaum noch eine Frage. Es ist alles so selbstverständlich, daß sich kaum jemand wundert, wenn sich Bekannte scheiden lassen; wenn sie andere Formen als die der

Ehe leben oder wenn sie sich als homosexuell bekennen. Ich mißtraue der Selbstverständlichkeit und frage mich, ob es nicht eine Form der Lebensgleichgültigkeit ist. Die Kirche ist der Ort, an dem noch gestritten wird. Ich ärgere mich oft und freue mich zugleich darüber. Denn der Streit bildet Bewußtsein und Moral. Es ist der Liebe nicht gedient, wenn jede Form der Beziehung mit vollkommener Gleichgültigkeit hingenommen wird. Verspätetes Bewußtsein schafft Opfer. Nicht weniger Opfer schafft die bewußtlose Gleichgültigkeit.

Der Gottesdienst und seine Formen

In seinem wundervollen Buch Kaddisch beschreibt Leon Wieseltier die Geschichte des Kaddisch und der jüdischen Trauerbräuche, so auch die Bräuche der zwangsgetauften Juden in Spanien. In Toledo z.B. war es im ausgehenden 15. Jahrhundert üblich, daß Verwandte einer trauernden Familie in einem mit weißen Tüchern bedeckten Korb ein Omelett und zwei Pfirsiche, zwei Laib Brot, Weintrauben und einen Krug Wasser schickten. Wieseltier schließt seinen Bericht und seine Überlegungen: »In ihrer Speise lag ihr Glaube. Wenn sie ihre Eier kosteten, kosteten sie ihre Metaphysik.« [1]

Protestanten vermuten die großen Fähigkeiten des Menschen, seine Hoffnung, sein Gewissen, seinen Glauben an einem anderen Ort: im Inneren des Menschen, in seinem Herzen. Sie wollen im Geist und in der Wahrheit anbeten. Sie glauben nicht mit Eiern und indem sie Omeletts essen. Ich möchte Wieseltier zustimmen. Der Geist kommt nicht mit sich selber aus, und er läßt sich nicht in die Innerlichkeit verbannen. Was nicht nach außen dringt, was nicht Form, Figur, Aufführung, Geste, Inszenierung und Methode wird, bleibt blaß und ist vom Untergang bedroht. Der Geist kommt nicht formlos, er kommt in der Figur und ist langfristig nur in der Form zu bewahren. Spiritualität ist geformte Aufmerksamkeit. Sie ist also kein Abstieg in die eigene Tiefe, sie ist kein Aufstieg in Engelshöhen. Spiritualität ist Lebensaufmerksamkeit, die in Formen und Methoden bewahrt und gestaltet wird. Spiritualität heißt, in geordneten und geformten geistlichen Verhältnissen leben.

Was eine Form bedeutet und wohin wir ohne sie geraten, möchte ich am Gottesdienst überlegen, und ich beginne mit zwei Beispielen; der eine ist ein alter katholischer Aschermittwochsgottesdienst, von einem Bischof gehalten; der andere ein Gottesdienst mit der Vorstellung von Konfirmanden aus jüngster Zeit. Zwischen diesen beiden Gottesdiensten liegen nicht nur Konfessionen, sondern Zeitalter.

Der Aschermittwochsgottesdienst von 1960: Er beginnt mit der Weihe der Asche für das Aschenkreuz. Der Gottesdienst und alle Gebete sind auf Latein. Der Bischof mit seinem pontifikalen Gefolge zieht mit Mitra und Stab in den Chor ein. Zwei Akoluthen halten ihm das Pluviale, den schweren Chormantel, damit er besser gehen kann. Im Chor angekommen, nimmt ihm der Zeremoniar die Mitra vom Kopf und setzt ihm den Pileolus auf. Er verbeugt sich vor und nach jeder Handlung. Akoluthen halten den Bischofsstab, sie berühren ihn nicht mit der bloßen Hand, sondern halten ihn mit dem Velum. Nichts wird mit einfacher Stimme gesprochen, alles wird gesungen oder rezitiert. Jede Bewegung, jede Geste, jedes Wort ist festgelegt und aufgeschrieben. Die Texte und der Ablauf sind von allen gewußt und gekannt. Es gibt keine Überraschung und nichts Neues, alles ist vorhersehbar, und es ist, wie es immer war. Nicht ein einziges Wort sprechen die Kleriker mit eigenem Mund. Was sie sprechen, lesen sie den Toten von den Lippen. Sie sind die Zeremonienmeister jener Liturgie.

Die Vorstellung der Konfirmanden im Jahr 1998: Zwei Pfarrer agieren. Vor Anfang des Gottesdienstes ist in der Kirche Lärm, Kinder streiten sich, Erwachsene sprechen miteinander. Es gibt keinen heiligen Raum, der auf den Gottesdienst vorbereitet. Dieser beginnt mit dem Einzug der Pfarrer und der Konfirmanden. Während des Einzugs begrüßen die Pfarrer diesen und jenen, sie winken nach rechts und links, ebenso die Konfirmanden. Einer der Pfarrer trägt einen Talar, der andere eine Albe mit Stola. Die Kirche ist geschmückt mit Produkten aus der Konfirmandenfreizeit, mit Wunschbäumen, die um den Altar stehen; mit Zeichnungen und Collagen, die überall angebracht sind. Beide Pfarrer begrüßen mit launigen Worten Konfirmanden und Gemeinde. Das Eingangsgebet ist hausgemacht und lang. Beide Pfarrer haben je eine Taufe, und beiden halten eine Taufansprache, begrüßen die Familien und gehen sehr individuell auf die Geschichten der Familien ein. Beide leiten die jeweiligen Gesten um die Taufe mit Erklärungen ein, die Eingießung des Taufwassers, die Überreichung der Taufkerze. Nach der Taufe werden

Wollknäuel durch die Kirche geworfen. Jeder hält einen Faden fest und wirft das Knäuel weiter. Die Vernetzung der Gemeinde soll dargestellt werden. Es beginnt ein lustiges Spiel, gegen das einer der Pfarrer vergeblich anzupredigen versucht. Er predigt lauter, aber er wird übertönt durch das Spiel der Gemeinde. Es folgt das Schlußgebet und der irische Segen.

Im katholischen Aschermittwochsgottesdienst wurden die großen Gedanken der Buße und der Umkehr im Zeremoniell erstickt. »Zerreißt eure Herzen«, hat die Schola gesungen. Aber es wurden weder Kleider noch Herzen zerrissen. Die abgezirkelten Gesten waren wichtiger als der Inhalt. Der korrekte Vollzug wurde selber zum Inhalt. Beim Konfirmandengottesdienst hatten die heiligen Texte und Gesten ihre Inhalte verloren im großen, heiteren Volksfest und in der Trivialität der Dauerrede. Was sind die Annahmen, die jenen beiden Gottesdiensten zugrunde liegen, was sind ihre »Anthropologien«?

Die Annahmen des katholisch-hochkirchlichen: Die Welt ist geordnet, und die Ordnungen spiegeln sich wider in den genau wiederholten Texten und Gesten. Die Heilszeit liegt hinter uns in ferner Vergangenheit, und der Ursprung normiert die Texte und Zeichen der Gegenwart. Unsere Worte und Gesten sind insofern richtig, als sie Imitationen des Ursprungs sind. Den Einzelnen gibt es nicht, denn er ist aufgehoben im Ton und im Geist der Vielen und des Allgemeinen. Darum ist der Priester jener Zeit ein Typ, aus Kleidung, Bewegung, Gesten und Tonfall bestehend, die allen ungefähr gleich sind. Der unverrückbare Kosmos des Ganzen ist wichtig, nicht das einzelne Subjekt oder die spezifische Zeit.

Die Annahmen des Konfirmandengottesdienstes sind andere: Wir sind wir. Wir vollziehen keine allgemeinen Regeln nach, denn wir selber sind die Regeln. Je individueller wir vorkommen, um so authentischer sind wir und um so näher beieinander. Wer wir morgen sind, wissen wir noch nicht. Darum erwartet von uns morgen nicht den gleichen Gottesdienst, unser gleiches Verhalten und dieselben Regeln. Wir leben im Augenblick, und dieser soll bunt und abwechslungsreich sein. Wir wollen uns erleben, auch wenn wir beten und fromm sind. Wir reden, weil wir uns alles bewußt machen wollen. Authentisch sind wir, wo wir mit uns selber übereinstimmen. Authentisch sind wir, wo wir uns in unsere eigene Authentizität hineingeredet haben.

Im folgenden geht es mir nicht mehr um die erste Form des Gottesdienstes. Die Welt, in der es ihn gab, ist untergegangen. Das heißt nicht, daß er nirgends mehr existiert. Aber die Welt, in der man so dachte, ist untergegangen. Und so wird ihm nirgends mehr eine lange Zeit beschieden sein. Ich betrachte den zweiten Gottesdienst und seine Pfarrer. Ein Ziel dieses Gottesdienstes ist, Nähe und Intimität herzustellen. Darum gehen die Pfarrer so ausführlich auf die Geschichte der Familien der Täuflinge ein. Darum wenden sie sich ganz persönlich an einzelne, winken ihnen zu, versuchen sie, »menschlich« zu sein, indem sie ihrer Rolle als Liturgen entkommen. Meine Fragen: Sind Gottesdienste, die die Form achten, kalt? Heißt der Bruch der Form oder ihre Vernachlässigung eine dichtere Beziehung der Teilnehmenden und eine größere Wärme untereinander? Sind Nähe und Intimität vorrangige Ziele des Gottesdienstes? Mit überraschenden Sätzen zitiere ich den amerikanischen Sozialphilosophen Richard Sennett: »Heute dominiert die Anschauung, Nähe sei ein moralischer Wert an sich. ... Es dominiert ein Mythos, demzufolge sich sämtliche Mißstände der Gesellschaft auf deren Anonymität, Entfremdung, Kälte zurückführen lassen. Diese Ideologie verwandelt alle politischen Kategorien in psychologische. Sie definiert die Menschenfreundlichkeit einer Welt ohne Götter: Menschliche Wärme ist unser Gott.« [2]

»Diese Ideologie verwandelt alle politischen Kategorien in psychologische«, sagt Sennett. Ich verändere den Satz: Diese Ideologie verwandelt alle religiösen Kategorien in psychologische. Es entstehen neue Gottesdienstabsichten: Im Gottesdienst will ich die Gemeinschaft der Gemeinde erleben und mich in ihr wohlfühlen. Ich setze weniger auf das Hören der Texte und auf die Wahrnehmung einer Tradition. Ich setze auf die Unmittelbarkeit des Ich und des Du und des Wir. Die Authentizität des Liturgen wird in der unmittelbaren Nähe zu seiner Gemeinde gesehen; die Authentizität der Gemeinde in der Intimität, Unmittelbarkeit und Unverhülltheit zueinander. Intimität aber ist die Nähe zwischen zweien oder dreien. Die Nähe der Mitglieder einer größeren Gruppe zueinander nennt Sennett Geselligkeit. Geselligkeit ist die Nähe einer Gruppe in einem öffentlichen Raum. Geselligkeit ist die Nähe einer Gemeinde in einem Gottesdienst. Es ist die Nähe, die nicht nur Herzenswärme ist, sondern die durch eine gemeinsame Herkunft, durch ein gemeinsames Ziel, durch gemeinsame Lebensabsichten, Texte, Lieder und Geschichten gestiftet wird. Was aber sind die Voraussetzungen einer solchen Nähe in einem öffentlichen Raum? Ein verblüffendes Zitat von Sennett: »Die Menschen sind um so geselliger, je mehr greifbare Barrieren zwischen ihnen liegen. ... Man kann es noch anders ausdrücken: Um sich gesellig zu fühlen, bedürfen die Menschen einer gewissen Distanz zu anderen. Wird der intime Kontakt gesteigert, so geht die Geselligkeit zurück.«[3] Und Sennett an anderer Stelle: »Ich frage mich, ob uns diese Verachtung für die rituellen Masken der Geselligkeit kulturell nicht unter den Stand primitiver Jäger- und Sammlergemeinschaften stellt.«[4]

Für den Zusammenhang zwischen Geselligkeit und Form bringe ich eine weitere Zeugin, die englisch-amerikanische Sozialanthropologin Mary Douglas: »Wer das Ritual (und sei es auch in seinen hochgradig magischen Formen) verachtet, hängt in Wirklichkeit im Namen der Vernunft einem höchst irrationalen Vernunftbegriff an.«[5] »Die protestantische Bewegung hat uns die Neigung zu der Annahme geschaffen, daß jedes Ritual eine leere Form sei, daß jedes kodifizierte Verhalten natürliche Gefühlsbekundungen ausschließe und daß jede äußere Religiosität Verrat an der wahren inneren begehe.«[6]

Es geht nicht um die Vermeidung von Nähe im Gottesdienst. In der Form geht es um die Schaffung von Räumen, in denen Menschen einander wahrnehmen können. Das Medium der öffentlichen Nähe von Menschen, der Geselligkeit, ist die Form. Nun versucht aber unser Konfirmandenunterricht, die Form auf jede mögliche Weise herunterzuspielen. Die Informalität wird zu seinem Merkmal und zur Absicht. Dahinter steht die Annahme, die Form verhindere die Natürlichkeit und die Aufrichtigkeit des Gottesdienstes. Auch dieser Gottesdienst ist nicht ohne Formen. Aber die Formen sind ausgebleicht. Es sind die eigenwilligen Formen der einzelnen: Der eine Pfarrer trägt einen Talar, der andere eine Albe mit Stola. Formen aber sind nicht Selbstausdruck der einzelnen, sondern sie ermöglichen die Teilnahme am großen gemeinschaftlichen Geschehen. Die Formen dieses Konfirmandengottesdienstes können jederzeit neu erfunden werden; sie müssen neu erfunden werden. Die Vernetztheit der Gemeinde kann am folgenden Sonntag nicht wieder durch das Knäuelspiel dargestellt werden. Es sind Wegwerfformen. Zum Wesen einer Form aber gehört ihre Langfristigkeit. Die Form in jenem Gottesdienst wird minimiert, sie wird ersetzt durch die persönliche Geste oder durch das persönliche Wort. Auch die andauernde persönliche Rede ist ein Bruch mit der Form.

Die Form ist nicht nur die strukturelle Ermöglichung der Öffentlichkeit einer Gemeinschaft. Sie eröffnet eine anagnostische Landschaft, eine Landschaft also, in der sich die Gottesdienstbesucher wiedererkennen als Geheilte, Getröstete, Errettete. Sie stellt die Kontinuität unserer Erfahrungen her. Wenn wir die Segensworte hören und die Geste des Pfarrers erleben, werden wir erinnert an den Trost, den diese Formel und diese Geste einmal in unserem Leben bedeutet hat. Die Gesten, die Formeln, das Aufstehen und das Setzen, das Kyrie, das Spiel der Orgel, die Kerzen – sie bilden eine Landschaft, in der wir getröstet werden, weil wir uns an erfahrenen Trost erinnern. Wir kennen die Irritation, wenn man mit einem Auto durch eine fremde Stadt fährt. Wir kennen das Gefühl von Beheimatung, wenn man sich in einer Stadt auskennt und wenn man weiß, was einen an der nächsten Ecke erwartet. So gibt es die Irritation eines Gottesdienstes, der wie eine unbekannte Stadt ist. Und es gibt den Trost der Geläufigkeit. Wir brauchen nicht nur gescheite Pfarrer und phantasievolle Pastorinnen. Wir brauchen gute liturgische Landschaften. Diese sind so wichtig wie der gute Pfarrer, vielleicht wichtiger.

Ich greife das eher katholische und von Protestanten meist mit Oberflächlichkeit verbundene Wort Geläufigkeit auf. Der Pfarrer hat das Recht, einen Gottesdienst mit der linken Hand zu machen und nicht jeden Sonntag Sahnegottesdienste zu produzieren und Unterhaltungskünstler seiner Gemeinde zu sein. Die unaufgeregte Geläufigkeit hilft der Konzentration. Wiederholung, Bekanntheit der Form und der Formel, Eintönigkeit sind spirituelle Elemente, und sie gehören zur Gestaltung der Frömmigkeit. Viele fürchten diese Elemente bei uns selbst, halten sie aber für richtig und für unentbehrlich beim Gottesdienst der Orthodoxen oder bei buddhistischen Ritualen. Form und Formeln sind Figuren, die die Bewußtheit und die Hellwachheit eher dämpfen.

Die Form und die Formel fordern mir nicht jeden Augenblick meine volle Existenz ab. Ich brauche nicht nur ich zu sein, wenn ich bete, wenn ich singe oder wenn ich meinen Glauben formuliere. Man betet sich mit den Versuchen des eigenen Glaubens in die Worte der Geschwister und in die Gesten der Toten. In jeder Form sind wir nicht nur wir selber, sondern wir lesen den Geschwistern den Glauben von den Lippen, indem wir die Form von vielen benutzen. Das bedeutet Kirche: mehr sein können als einsames Subjekt; mehr glauben können, als man glaubt. Vielleicht trösten die Formen und die Formeln gerade die Pfarrer und Pfarrerinnen, indem sie gnädig zu ihnen sind mit ihrem halben Glauben, die sie doch zugleich die sind, die ihre eigene Halbheit nicht zum Maßstab dessen machen dürfen, was sie predigen. Wenn Authentizität nicht mehr ist als die Übereinstimmung mit sich selber, dann wäre es eine Magermilchredlichkeit, von der keiner leben kann. Ich denke mich als Glaubender in den Glauben meiner Geschwister und in den Glauben meiner Kirche hinein, und so bin ich authentisch, indem ich meine Grenzen sprenge und der bin, der von fremden Broten ernährt wird.

Im Mißtrauen gegen die Formel setzen unser Konfirmandengottesdienst und ähnliche Versuche auf Spontaneität und Unmittelbarkeit. Ich zitiere dagegen eine boshafte Äußerung des Theatertheoretikers und Regisseurs Peter Brook. Er sagt über

Schauspieler, die die spontane Form gegen die geübte Geste loben: Es hat in der Theatergeschichte »erstarrte Haltungssysteme gegeben, die wir heute ablehnen« (vgl. Aschermittwochsgottesdienst). »Es ist vielleicht weniger einleuchtend, daß das Gegenteil, nämlich die Freiheit des Schauspielers« (des Liturgen), »sich aus dem Repertoire der Gesten alles Beliebige auszusuchen, genauso beschränkt ist. Denn wenn der Schauspieler seine Gesten … auf die eigene Spontaneität gründet, dann holt er sie nicht aus schöpferischen Tiefen. Er sucht in sich nach einem Alphabet, das schon fossil geworden ist. Denn die dem Leben entnommene Zeichensprache, die er kennt, ist nicht die Sprache der Erfindung, sondern der eigenen Konditionierung. … Was er für spontan hält, ist schon viele Male durchgefiltert und abgehört worden. Wenn Pawlows Hund improvisierte, dann würde er immer noch sabbern, wenn er die Klingel hörte, aber er würde ganz sicher glauben, daß es aus eigenem Antrieb geschähe: Ich sabbere, würde er sagen und stolz sein auf seine Kühnheit.«[7]

Es gibt keine Spontaneität ohne Form. Die Form verhindert die Spontaneität nicht, sie ermöglicht sie. Erleben und Form werden gegeneinander ausgespielt und zu falschen Gegensätzen gemacht. Es ist wahr: Die Lebendigkeit des Menschen, seine Fähigkeit zu loben, zu lieben, zu trauern, sich zu empören sprengt auch immer Formen und gesellschaftliche Vorlagen des Verhaltens. Alle Situationen hoher religiöser Intensität sind bilderstürmerisch und räumen die gebauten Landschaften ab. Man braucht nur an die jesuanische und urgemeindliche Skepsis gegen das rituelle Verhalten zu denken, an die Reformation mit ihren geradezu ungeheuren Bildbrüchen. Ich wage überhaupt nur, die Form zu loben, wo man zugleich des Bruches mit ihr fähig ist. Aber es ist auch ein anderes wahr: Man kann sich selber nur in Formen erleben. Ich nehme das Beispiel der Trauer: Unsere Trauer – etwa im Fall eines Todes – wird nur gelingen, wenn wir uns selber als Trauernde aufführen. Man wird der, als der man sich in Formen kenntlich macht. Ich komme vor, wenn ich in Formen vorkomme. Ich erlebe, indem mir Formen des Erlebens zur Verfügung stehen.

Vielleicht ist an dieser Stelle etwas über die Erlebnissehnsucht der Gesellschaft zu sagen, die inzwischen auch unsere Gottesdienste prägt. Ich lese bei Arno Schilson: »Das Bemühen um die theoretische und praktische Rückgewinnung akzeptabler und erlebnisorientierter Gottesdienstformen bleibt die grundlegende und tragende Aufgabe der nun anstehenden Liturgiereform.«[8] Er erwartet von einer Steigerung der Erlebnisintensität der Liturgie mehr Attraktivität und zupackende Erlebnisnähe. Ich glaube, die Erlebnisnähe einer Gemeinde hängt davon ab, was in ihr verhandelt wird und was ihre Leidenschaft ist. Die Erlebnisnähe einer Gemeinde, die einer kurdischen Familie Asyl gibt, brauche ich nicht zu steigern. Die Erlebnisintensität eines Gottesdienstes einer Friedensgruppe ergibt sich aus ihrem Thema. Die Frage also ist, was die Lebensthemen und die Optionen einer Gemeinde und einer Kirche sind. Wir sind Volkskirche, wir sind ein Verein mit gemäßigten Leidenschaften. Wir sind nicht Ökokirche, wir sind nicht Friedenskirche, wir sind nicht Dritte-Welt-Kirche. Ich stehe zu dieser Volkskirchlichkeit und nehme in Kauf, daß die Expressionen, so auch die Gottesdienste dieser Volkskirche nicht von großer Leidenschaft sind. Aber sie sind auch nicht ohne Leidenschaft, sie sind nicht ohne Trost, und sie sind nicht ohne prophetische Aufrüttlung. Unsere Texte und die Figuren unserer Tradition lassen uns keine Ruhe, weder Jesus, noch Franziskus, noch Bonhoeffer. Gelegentlich gibt es die Auferstehung der Toten mitten in den volkskirchlichen Ruhestätten. Wenn wir die Form mißachten, dann stehen wir nicht nur unter dem Druck, alles ständig neu erfinden zu müssen. Wir stehen unter dem Druck der Beredung. Wiederum Mary Douglas: »In Wirklichkeit ist gerade dieses Streben nach unstrukturierter Intimität in den sozialen Beziehungen, das so etwas wie ein wortloses Einverständnis unmöglich macht; denn nur rituelle Verhaltensstrukturen können eine wortlose Kommunikation ermöglichen, die nicht total inkohärent ist.«[9] Das Ritual ermöglicht Schweigen. Formlosigkeit und Worthaftigkeit gehen zusammen. Die neue unerträgliche Verschwätztheit unserer Gottesdienste hat zu tun mit dem Zusammenbruch der

Formen. In dem Gottesdienst, den ich geschildert habe, haben die Pfarrer vermutlich 70% der Zeit geredet. Sie haben begrüßt, sie haben die Taufansprachen gehalten, beide haben sie die Gemeinde verabschiedet, launig und nicht endenwollend. Die neue Klerikalität dieser Gottesdienste ist unerträglich. Die Gemeinde steht noch immer unter dem Verbot zu widersprechen, zu antworten, das Wort zu ergreifen. Die Pfarrer aber, befreit von jedem Agendenzwang, reden und reden.

Es gilt offensichtlich das geheime Dogma, daß nur das Wort rettet. Darum ersetzt es so oft die Form. Darum werden die Gesten eingeseift mit Worten und verlieren ihre Härte und ihre Konturen. Gesten sind nicht stumm, sie sprechen. Das Kreuzzeichen spricht, die aufgelegten Hände sprechen, Licht, Wasser, Brot und Wein sprechen. Füge ich dieser Sprache im Übermaß meine eigene hinzu, dann wird die Sprache der Dinge und der Formen unhörbar. Die Symbole verlieren ihr Geheimnis, und sie werden bis zum Gähnen deutlich.

Zeichen und Formen sprechen, sie sind deutlich, aber sie sprechen eine andere Sprache als die argumentativ-explizierende. Es ist eine Sprache, die eher verhüllt, als daß sie ins grelle Licht des Bewußtseins zerrt. Hier liegt wohl die Stärke und die Schwäche des Protestantismus. Seine Stärke: Er schätzt Bewußtheit, Klarheit, Sagbarkeit, Rationalität gegen alles Dunkelmännerhafte und Ungefähre. Seine Schwäche: Er glaubt, daß Bewußtheit und Sagbarkeit allein das Leben retten. Ein Pfarrer aus der Arbeit mit Behinderten hat mir geschrieben: »Es ist Eltern schwer behinderter Kinder oft nicht möglich, kirchliche Mitarbeiter zu finden, die bereit sind, diese Kinder zu konfirmieren.« Es fehle ihnen Bewußtheit, mit der sie das Geschehen verfolgen könnten. Das ist ein Beispiel dafür, wie Bewußtheit, argumentative Sprache und Rationalität zum Aberglauben und zum Götzen werden. Jeden Tretminenhersteller und jeden Waffenhändler lassen wir freudig zum Abendmahl zu. Wer verrät die Ebenbildlichkeit Gottes, der sich seiner selbst nicht Bewußte oder der Lohndrücker?

Der Sprachzwang ist ein spirituelles Problem, eine Frage unseres

Glaubens an Gott. Der Glaube sagt mir die lebenserleichternde Nachricht, daß ich endlich bin. Ich muß nicht alles sagen, ich habe Zeit. Es bleibt etwas nicht ungesagt, nur weil ich es heute nicht gesagt habe. Wir sind im Gottesdienst nicht die Retter unserer Gemeinde. Gott rettet sie. Dies zu wissen – es ist ein spirituelles Wissen und nicht ein theologisch-intellektuelles – nimmt uns etwas von unserer gottesdienstlichen Verkniffenheit und Zwanghaftigkeit. Es gibt sie als alte, wo wir uns unter dem Bann von Agenden glaubten. Es gibt sie als neue, wo wir glauben, daß jeder Gottesdienst eine packende, spannende, unterhaltsame und fesselnde Angelegenheit sein soll. Wir brauchen keine Entertainer nachzuahmen, die ohne Frage das geheime Vorbild von vielen Pfarrern und Pfarrerinnen sind, und es ist gefährlich, das allgemeine gesellschaftliche Diktat auf die Übungen unserer Frömmigkeit zu übertragen, das verlangt, daß alle Sachverhalte spannend, erlebnisorientiert und erfüllend sein müssen. Die Gefahr ist, daß sich christliches Totalitätsdenken mit gegenwärtigen Ganzheitszwängen verbindet. So kann für Liturgen ein unerfüllbarer Anspruch entstehen, der viele verzweifeln läßt. Gottesdienste, Predigten, Gebete und die anderen Übungen der Frömmigkeit sind nicht erst heute, sie waren immer schon auf weite Strecken langweilig. Was man regelmäßig tut, hat nicht das Feuer des ersten Males und die Faszination des Einmaligen. Wir tun Unrecht, wenn wir die Langeweile der Regelmäßigkeit verachten. Gottesdienst ist Arbeit, und zwar für die Liturgen und für die Teilnehmenden. Arbeit ist oft schön und erfüllend, oft ist sie langweilig, meistens aber durchschnittlich: Graubrot. Auch dies macht unser Leben heiter und spielerisch, daß wir wissen, daß wir Durchschnitt sein können.

Ich komme noch einmal auf die Form zu sprechen, und zwar auf ihre kürzeste Art, die Formel. Die Formel baut liturgische Häuser, und sie heilt. Ich möchte diese These langsam entwickeln und mit einem Beispiel anfangen, der Einleitungsformel für das Evangelium. »Das Evangelium des heutigen Sonntags steht geschrieben bei Lukas im 10. Kapitel.« Diese Sonntag für Sonntag benutzte Formel hat einen Vorteil: sie stört nicht. Dies ist eine außerordentlich wichtige Frage bei der Überlegung unserer Gottesdienste: Was stört nicht? Ich nehme dagegen eine andere, sozusagen entformalisierte und explizierte Einleitung: »Das Evangelium des heutigen Sonntags kennen Sie alle von Kindheit auf, die Geschichte vom Barmherzigen Samariter, die eine der schönen Grundgeschichten unserer Tradition ist. Ich darf Ihnen persönlich verraten, daß ich wegen dieser Geschichte Theologie studiert habe.« Was ist der Unterschied? Einmal ist diese Einleitung dreimal so lang. Wie kommt jemand dazu, mir meine Lebenszeit wegzunehmen durch unnützes Geschwätz? Zum anderen ist sie überflüssig. Eine der Grundregeln der Theaterarbeit von Peter Brook heißt: Frage dich, was du nicht tun oder sagen mußt! Ich zitiere ihn: Brecht »meint, daß eine nutzlose Information unsere Aufmerksamkeit zum Schaden von etwas Wichtigerem auf sich lenkt.«[10] Der Ersatz der Formel durch freie oder jeweils neue Rede fordert eine Bewußtheit ab, die den Raum der Passivität und des Hörens stört, der durch die Formel erbaut wird. Die Formel baut liturgische Häuser, das Sprachritual erbaut Hörräume. Es konzentriert, es setzt einen Rahmen und schärft damit unsere Aufmerksamkeit. Dies gilt nicht nur für religiöse Formeln. Die Formel »Es war einmal« schafft eine Stimmung, in der man für phantastische Erzählungen offen ist. Diese Formel ist die Tür zum Märchenhaus.

Die Redegewandtheit und das Neuheitsverlangen stören mich vor allem beim Segen. Der Segen braucht einen Raum äußerster Passivität, dort soll man also gerade nicht wach und mit abverlangtem Bewußtsein dem Inhalt folgen. Es ist die Stelle, an der man sich fallen läßt in das große Versprechen, ohne zu fragen, wo es wahr wird und was man da eigentlich sagt und tut.

Wichtig wird die Formel vor allem in den extremen Situationen unseres Lebens. Ich zitiere aus dem Bericht eines Theologen über die schwere Krankheit seiner Tochter: »Meine Tochter wurde auf den Tod krank, wir bangten viele Woche um ihr Leben. In dieser Zeit wurde mein Glaube blank geschliffen. Die Sprache wurde einfach, sie bestand aus wenigen Formeln: Dein Name ist über uns angerufen! Du dunkler Gott, gelobt seist du! Ich hatte nur noch die Formeln wie Stücke einfachen Brotes. Es war die glaubensintensivste Zeit meines Lebens. Der Glaube bestand fast aus nichts mehr, aus keiner Erklärung, aus keiner Erfahrung, aus keiner besonderen Überlegung, eben nur aus wenigen Formeln, die mir eine merkwürdige und nicht begründbare Gewißheit gaben – nicht die Gewißheit, daß es mit meiner Tochter gut ausgehen würde; eher die Gewißheit der Stimmigkeit des Lebens, eine absurde Gewißheit in jener Zeit der Bedrohung.«

Die Formel ist die authentischste Sprache, die wir im Leiden haben. Um die Tochter des Theologen waren die Eltern, die Geschwister und ihre Freundinnen. Alle waren sprachgeübte Menschen, und alle verloren in den Tagen der größten Gefahr ihre Sprache und flüchteten in die Formel, die fremde Sprache, die sie nicht zu verantworten brauchten. Die Formel wird vom Glauben vieler verantwortet. Darum kann man sich in sie fallen lassen, ohne daß man genau weiß, was man tut. Die Formel nimmt mir die Kontrolle über mich selber ab. Gefährlich ist dies nur da, wo das ganze Leben und Denken aus Formeln besteht. Eine alte jüdische Psychologin sagte in jener Zeit der Krankheit der Tochter: »Sag deiner Tochter, daß ich zwar nicht an Gott glaube, aber ich werde für sie einen Psalm beten!« Diese wundervolle Widersprüchlichkeit ist nur möglich, wo man sprachliche Verdichtungen kennt, die man nicht mit der eigenen Existenz und dem eigenen Glauben verantworten muß. Zu unserer spirituellen Ausstattung sollte eine Reihe von Formeln gehören, die sich auf unsere Lippen drängen, wenn man sie braucht. Wenn man die Sprache wirklich braucht, kann man sie nicht erfinden. Sie muß geläufig und auswendig gekonnt sein.

Die Frage liturgischer Authentizität ist nicht allein eine ästhetische und vor allem keine technische. Es ist die Frage an die Liturgen und Predigenden: Wer sind wir? Was haben wir zu sagen in verwirrten Zeiten? Was glauben wir selber? Wie soll unser Glaube unsere Worte decken? Welche Art von Spiritualität verlangt dieser Beruf? Was ist unser Verhältnis zur Tradition? Man wird uns am Gehen, am Sprechen, an der Segensgebärde ansehen, ob wir uns diesen Fragen stellen oder nicht.

Wir sind Boten einer fremden Nachricht. Das Bild verstehe ich zunächst als eine Entlastung: Wir sind Boten. Die Nachricht ist weder durch unsere Existenz gedeckt, noch ist sie von ihr völlig getrennt. Ich bin im Hinblick auf die Predigt und auf den liturgischen Vollzug ein fast völliger Anhänger des katholischen opus operatum. Der Begriff spielt in der Sakramentenlehre des Tridentinum eine Rolle und besagt, daß die Wirksamkeit der sakramentalen Handlung nicht zustande kommt aus der sittlichen Vollkommenheit des Spenders. Sie ist unabhängig von ihr, und das Sakrament kommt zustande durch das vorliegende Werk Christi. Was ich sagen will, meine ich nicht in diesem strengen dogmatischen Sinn, sondern eher in einem pastoral-spirituellen Sinn. Ich bin als Prediger nicht der Garant der Kraft meiner Gesten und meiner Worte. Ich bin ein Mensch, der eine schöne Feder auf seine Handfläche legt und sie in die Luft bläst. Ich bin weder für die Schönheit der Feder verantwortlich noch für den Blick, mit dem andere sie sehen. Man kann liturgisch handeln, etwa segnen; man kann predigen, wenn man diese Leichtigkeit gelernt hat: ich bin nicht der Macher. Die Schönheit der Feder ist nicht das opus operantis. Wir sind nicht die Nachricht. Sie ist natürlich nicht völlig von uns getrennt. Aber ich brauche meinen Glauben nicht zum Maßstab dessen zu machen, was ich sage. Wir sind Menschen in schweren und schönen Berufen. Vielen von uns fällt der Glaube schwer, vielen fällt das Beten schwer. Viele beten nur noch, wenn sie mit ihrer Gemeinde zusammen im Gottesdienst beten. Welchen Ausweg wählen wir in einem solchen Fall? Viele wählen den Ausweg, den ich die Magermilchredlichkeit genannt habe. Sie sagen nur das, sie tun nur das, sie lehren nur das, wohinter sie mit ganzem Herzen stehen können, was sie vertreten können und wessen sie sich sicher sind. Opus operatum: Ich verantworte die Nachricht von der List der Gnade, von der Auferstehung der Toten, vom Sieg des Rechts nicht. Wenn man die alte Botschaft sagt, nimmt man den Mund immer zu voll, nicht erst heute. Die Wahrheit der alten Geschichten und der Hunger der Menschen nach ihnen läßt die Predigenden Sätze sprechen, die größer sind als ihr Herz. Der

Hunger der Menschen baut am Glauben der Predigenden. Dies ist nur für den falsch, der in allen Stücken Meister seiner selbst zu sein gezwungen ist. Pastorale Authentizität besteht nicht darin, mit seiner eigenen Kargheit identisch zu sein. Manchmal besteht sie weniger aus unserem Glauben als aus unserer Sehnsucht danach, daß wahr sei, was diese Nachricht verspricht: die Bergung allen Lebens. Es ist nicht genug für unsere pastorale Arbeit, daß wir nur aus uns selber bestehen, aus unseren Überzeugungen, aus unseren Sagbarkeiten und aus den eigenen Reichweiten. Und wenn unsere Hoffnung gering ist, so spielen wir die Hoffenden, indem wir unserer Gemeinde, den Kindern in der Schule oder im Konfirmandenunterricht die Geschichten der Hoffnung erzählen. Was ist falsch daran? Ich versuche mit diesen Sätzen, die Verbissenheit zu vertreiben, die man in unseren Berufen nicht selten findet. Wir sind endlich! Wir sind von der Überzeugung befreit, daß Gott seine Kirche auf dem Rücken protestantischer oder katholischer Pastoren gebaut hat. Möge dies unsere Heiterkeit stärken! Wir sind wichtig in unseren Berufen, und wir sind nicht einzigartig. Wir helfen mit unseren Geschichten den Menschen, Lebenswünsche und Gewissen zu bilden, und wir sind nicht unentbehrlich.

Ohne protestantische Selbstzweifel zu vermehren und in der Heiterkeit, die ich gepriesen habe, möchte ich doch einige kritische Fragen an unseren Stand stellen. Wo bilden wir uns eigentlich für das, was wir tun und sagen? Ich arbeite viel in Pastoralkollegs, und ich vermute, daß es eine theologeneigene Verwahrlosung gibt. Es liegt nicht an unserer Bosheit, sondern an der Zeit, in der wir leben. Die Lebensvorlagen, die Rollen, die es einmal für unseren Beruf gegeben hat, sind zerbrochen. In hoher Existentialität müssen wir sie neu finden und uns neu definieren. Wir leben in wenig definierten Berufsfeldern, und wir rechtfertigen uns nicht selten durch unsere eigene Gejagtheit. Es werden an uns die verschiedenartigsten Erwartungen herangetragen, und es ist schwer, sich selber deutlich zu sein, wenn die Erwartungen der anderen an uns so undeutlich sind. Man kann in dieser Situation verschiedene Holzwege gehen; einmal den fundamentalistischen: Man umgibt sich mit einem Zaun von falschen Sicherheiten, durch den keine Fragen mehr dringen. Der andere Holzweg: die genüßliche Erschöpfung im Zweifel. Man beschränkt sich darauf, mit allen anderen verwirrter Zeitgenosse zu sein und nicht mehr.

Wir aber sind Lehrer und Lehrerinnen, und damit sind wir verpflichtet, eine Lehre zu haben. Wo also eignen wir uns das Brot an, das wir weitergeben? Wo arbeiten wir an der Lehre, die das Gewissen und die Herzen der Menschen bildet? Wo bilden wir uns selber, und wo lernen wir, die Geschichten, die wir erzählen, als Schönheitsgeschichten und als Freiheitsgeschichten zu lieben? Lesen wir in dem Hauptbuch unserer Tradition, auch wenn wir keine Predigt oder Andacht vorzubereiten haben? Gibt es Stellen der Ruhe und der Meditation in unserem Leben? Wenn es sie nicht gibt und wenn wir all das nicht können, leiden wir wenigstens daran, daß wir es nicht können, oder ist »des Fleisches Blödigkeit« inzwischen selbstverständlich geworden? Liturgische Authentizität ist nicht hauptsächlich eine Versiertheit in formalen Inszenierungskünsten. Unsere eigene religiöse Bildung ist ein Teil dieser Authentizität.

Der agendarische Gottesdienst ist in den säkularen Großstädten schon lange in Frage gestellt, und neue Formen werden von den Liturgikern heftig verteidigt. Ich zitiere zwei Merkmale eines anderen Gottesdienstes, die Karl Heinrich Bieritz nennt: »Gottesdienst kann es nur noch als Familiengottesdienst geben, als familien- und kinderfreundlichen, als großväter- und großmütterfreundlichen. Jede Festlegung monokultureller Art auf eine bestimmte Generation und ihre Ansprüche ist zu vermeiden.«[11]

Ich sage ja zu diesem Satz und bedenke die Konsequenzen. Wie soll man sich seine Realisation vorstellen? Man kann sich vorstellen, daß es nur noch Gruppengottesdienste gibt: Familiengottesdienste, Frauengottesdienste, charismatische Gottesdienste etc. Es gäbe also keine Einheit mehr, sondern die eine Kirche zerfiele in viele Seitenkapellen, in der man zelebriert, aber keinen Einblick mehr nähme in den anderen Raum. Das ist inzwischen eine reale Gefahr, und es nehmen Gottesdienste mit hohen Exkommunikationstendenzen zu. Redlicherweise muß man sagen, daß unsere bisherigen Gottesdienste ebenfalls in starkem Maße exkommuniziert haben: die Kinder, die Frauen, die Arbeiter. Vielleicht kann man nur an Gottesdiensten arbeiten, in denen die Kinder etwas mehr, die Frauen etwas mehr, die Großväter etwas mehr als bisher zu Hause sind. »Etwas mehr zu Hause sein« heißt nicht zu Hause sein. Die Fremdheit und die Beheimatung müßte für alle Gruppen in gleichem Maß vorhanden sein. Das heißt aber auch, daß wir in unseren Gottesdiensten nie ganz zu Hause sind: ich als Alter nicht, wenn meine Paul-Gerhardt-Lieder verschwinden zugunsten der Kirchentagslieder. Die Jungen nicht, wenn sie sich in Gesten bewegen sollen, die wie zu große Schuhe für sie sind. Was ist so schlecht daran? Der Gottesdienst ist nur begrenzt dazu da, uns eine Heimat zu sein. Ich lobe die Fremde. Im Gottesdienst werde ich in ein Land geführt, in dem ich noch nicht war. Es besteht aus fremden Texten, Liedern und Gesten. Und ich werde befreit davon, im Eigenen und Gewohnten zu ersticken. Der Gottesdienst ist gut, wenn er Fremde und Heimat für alle ist. Ich habe größte Bedenken gegen die überbordenden Heimatsehnsüchte; gegen die Sehnsucht nach der Provinz, in der nicht mehr vorkommt als ich selbst. Wenn ein Gottesdienst Gottesdienst für alle ist, wird er notwendigerweise ein Stück Kühle für die einzelnen haben. Meine Geschwister, die toten und die lebenden, lehren mich beten und glauben mit ihrer fremden Stimme, den fremden Gesten und Texten, und ich entkomme mir selbst, wenn ich mehr wahrnehme als mich selber.

Als zweites Merkmal des neuen Gottesdienstes nennt Bieritz die Aufhebung des Frontalgottesdienstes und die Änderung der Kommunikationsmodalitäten. Nicht Redegottesdienste sollen gehalten werden, sondern Gespräche, Feier, Spiel und Gestaltung müßten Raum gewinnen. Ich sage zu diesem Satz ja. Aber die Überlegungen zur Form gelten auch für diese Gottesdienste. Mein Plädoyer für Gestalt und Form ist nicht das Bestehen auf dem agendarischen, lange geformten und alten Gottesdienst. Alt und neu sind für mich eigentlich keine Kategorien. Beide unterliegen sie gleichen Gesetzen.

Die Änderung der Kommunikation, die Bieritz fordert, soll nur keine Zerstörung des Gottesdienstes als Raum des Hörens sein. Er selber sagt das natürlich nirgends, aber er könnte im Sinne einer oft geäußerten Vulgarität mißverstanden werden. Sie äußert sich etwa als Kritik der Predigt, prinzipieller noch: als Kritik des Hörens und des langen Zuhörens. Das Auge, das heute als der privilegierte Sinn gilt, hat ein Gerücht in die Welt gesetzt, das Ohr sei ein reines Instrument der Passivität.

Ich bin bei den folgenden Überlegungen inspiriert von Wolfgang Welsch.[12] Im Zuge der Moderne und einer imperialen Kultur hat der Sehsinn alle anderen Sinne übertrumpft. Das Auge stellt fest, fixiert, hält auf Distanz, überwacht. Das Sehen ist von seinen Gegenständen am wenigsten betroffen. Sehend sind wir Herren der Welt. Michel Foucault hat gezeigt, wie sehr das Sehen die Institutionen und die Architekturen der Moderne bestimmt und wie sich dabei Maßnahmen der Befreiung in Szenarien der Überwachung und Disziplinierung verkehren. Er zitiert dabei Jeremy Benthams Panopticon von 1787, den Idealtyp einer Strafanstalt. Die Zellen sind im Kreis um einen Zentralturm gelagert. Sie haben viel Licht von außen, und damit kann ein einziger Beobachtungsposten im Zentrum die ganze Anstalt überwachen. Jede Bewegung in den Zellen ist als Schattenriß sichtbar, eine perfekte Überwachungsarchitektur. »Ein Auge ist, das alles sieht!« Wer, der in religiöser Enge erzogen ist, kennt nicht diesen panoptischen Schreckenssatz!

Das Hören ist eine sanftere Sinnesfähigkeit. Es hält seine Objekte weniger auf Distanz und verschmilzt stärker mit ihnen. Aber es ist nicht ein Organ der reinen Rezeption. Jeder Hörende baut eine Welt, er hört nicht nur ab. Eine Stimme, eine Predigt, ein Text, eine Musik wird miterbaut vom Hörenden. Jeder Hörer ist Koautor der Musik und der Rede. Das weiß jeder Prediger, dem man wiedererzählt, was er gepredigt hat, und manchmal überwuchert die Koautorenschaft den Autor und seine Worte. Das Ohr ist ein langsames Organ, es braucht Zeit, und von ihm könnte man nie sagen, was man vom Auge sagen kann: es erfaßt alles mit einem Blick. Ich zitiere Wolfgang Welsch: »Das Hören

... hält die Welt nicht fern, sondern läßt sie ein. Ton dringt ein, ohne Abstand, wie Plessner sagte. Für das Hören sind Eindringen, Verletzlichkeit, Ausgesetztsein charakteristisch. Wir haben zwar Augenlider, aber keine Ohrenlider. Hörend sind wir ungeschützt. Hören ist ein Sinn extremer Passibilität.«

Warum plädiere ich für die Hörräume im Gottesdienst? Ich glaube, es ist Zeit, Räume der Passivität zu retten, nicht nur im Gottesdienst, sondern auch in den übrigen gesellschaftlichen Einrichtungen. Aktivität scheint immer schon gerechtfertigt, auch im Gottesdienst. Was aber, wenn die pathischen Fähigkeiten des Menschen absterben: das Hören, die Geduld, die Langsamkeit, das Warten, das Lassen, das Hinnehmen! Was wird aus unseren Gottesdiensten und aus unseren Gebeten, wenn diese Fähigkeiten verkümmern? Auch von daher ist mir ein Gottesdienst höchst bedenklich, der sich auflöst in gemeindliche Selbstdarstellung und in Großrummel.

Wir sind Menschen dieser Zeit und dieser Welt. Als solche beten wir, formulieren wir unseren Glauben und feiern wir unsere Gottesdienste. Wir haben damit allerdings auch teil an der Zwielichtigkeit unserer Zeit. Zeitgenosse zu sein ist ja noch keine Qualität in sich selber. Ich wünsche mir vom Gottesdienst, daß er das Haus ist, das uns birgt; und daß er die Fremde ist, die uns reinigt von der puren Hiesigkeit und Heutigkeit.

Anmerkungen

[1] L. Wieseltier: Kaddisch, München 2000, S. 311.

[2] R. Sennett: Verfall und Ende des öffentlichen Lebens. Die Tyrannei der Intimität, Frankfurt /Main 1983, S. 329.

[3] Ebd., S. 30

[4] Ebd., S. 31

[5] M. Douglas: Ritual, Tabu und Körpersymbolik. Sozialanthropologische Studien in Industriegesellschaft und Stammeskultur, Frankfurt/ Main 1981, S. 74.

[6] Ebd., S. 83

[7] P. Brook: Der leere Raum, Berlin 1994, S. 164.

[8] A. Schilson/J. Hake (Hg.): Drama »Gottesdienst«. Zwischen Inszenie-

rung und Kult, Stuttgart 1998, S. 59.

[9] M. Douglas, S. 75–76.

[10] P. Brook, S. 108.

[11] K.H. Bieritz: Was wird denn noch bleiben? Über den Zusammenhang von Gottesdienst und Kultur, in: ZGP, Hft. 3(1990), S. 13–17.

[12] W. Welsch: Auf dem Weg zu einer Kultur des Hörens? in: Paragrana. Internationale Zeitschrift für Historische Anthropologie, Bd. 2(1993), Heft 1–2, S. 87–103.

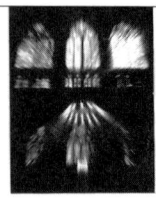